Eduard Reich

Menschliches Elend

Eduard Reich

Menschliches Elend

ISBN/EAN: 9783743475076

Hergestellt in Europa, USA, Kanada, Australien, Japan

Cover: Foto ©Suzi / pixelio.de

Manufactured and distributed by brebook publishing software (www.brebook.com)

Eduard Reich

Menschliches Elend

Menschliches Elend.

Von

Eduard Reich.

Loebau in Westpreußen.
Druck und Verlag von Richard Skrzeczek.
1879.

Vorwort.

Es ist dringend geboten, dass die Wurzeln des Jammers und die Quellen des Elends, in welchem die grössere Hälfte der Menschheit schmachtet, gewissenhaft erforscht und sorgfältig enthüllt werden, um so den Weg zu finden, auf welchem die Unglückseligen ohne Krieg, ohne Umsturz, ohne Zerstörung, zu normalem Leben gelangen können.

Ein Versuch zu dem Allen wollen die nachfolgenden Blätter sein.

Dr. Eduard Reich.

Neustadt in Holstein, den 10. Januar 1879.

Inhalt.

Einleitung.

Der Krieg und die Humanität.

Der Missbrauch geistiger Getränke.

Die Vermehrung der Menschen.

Einleitung.

Licht und Schatten begleiten den Menschen durch das ganze Leben; neben dem Glück steht das Unglück, neben der Freude der Schmerz, neben der Gesundheit die Krankheit. Es giebt Perioden des Lebens der Individuen, Familien und Völker, in denen das Licht vorwaltet, und andere, in denen der Schatten überwiegt; es giebt Individuen, Familien und Völker bei denen fast stets die Sonne des Glückes leuchtet und andere, bei denen fast stets die Fackel des Unheils brennt. Dass hier dem so, dort anders ist, liegt theils an dem eigenen Zuthun des Menschen, theils an den Constellationen, die von der Gewalt des Einzelnen nicht abgeändert werden, in allen Fällen aber an jener Summe von Verhältnissen, die man das Schicksal nennt und die auch aus der Wechselwirkung der Welt um uns her mit dem individuellen und gesellschaftlichen Organismus sich ergeben.

Blicken wir, nach welcher Richtung wir wollen, es ist überall ein Auf- und Abwogen von Licht und Schatten zu bemerken, und begeben wir uns zu den höchst gesitteten Nationen der Gegenwart, so sehen wir Frieden und Krieg mit einander abwechseln, Wohlstand neben Elend, Uebermuth neben Demuth, Extreme in jeder Beziehung, Ungereimtheiten, Widersprüche, und bei allem Fortschritte der Gesittung Rückschritte, ja Rückschläge in die Zeiten der thierischen Wildheit. Der angeblich höchst Civilisirte greift, um sein Bedürfniss, seine Selbstsucht zu befriedigen, dem Reize der Sinne zu genügen, zu den Mitteln der brutalen Gewalt, der Schlauheit, der Hinterlist und Falschheit des Raubthiers, trotz einer Religion, welche allen und jeden bestialischen Standpunkt glänzend überwunden und die Höhe der vollsten Selbstverleugnung erreicht hat.

Nur einseitige intellectuelle und äusserliche Civilisation giebt jenen Extremen Lebensluft und Raum; allgemeine harmonische Gesittung muss Krieg, Elend und Alles, was dem menschlichen Jammer zugehört, ausschliessen. Lenkten wohlwollende, von höchster Vernunft und aufrichtiger Nächstenliebe durchdrungene Weise die Geschicke der Menschen, so kämen blutdürstige Triebe niemals in den Vordergrund, gelangten Durchschnittsereaturen niemals zur Herrschaft, und alle Fragen, welche die Welt bewegen, lösten sich in Ruhe und Frieden, ohne dass ein Wässerchen sich trübte.

Aber, wir sehen an der Spitze der Gesellschaft nicht die humanen Weisen, sondern Menschen des Durchschnitts, die von dem Trosse des Volkes nur durch etwas mehr Bildung des Verstandes und Energie des Willens sich unterscheiden, vor Allem jedoch durch jene Eigenschaften, welche der Besitz von Gewalt und Macht allmälig einem Jeden mittheilt. Aus diesem Grunde ist der Fortschritt so äusserst langsam und der Krieg die letzte oder auch die erste Auskunft der Gewaltmenschen und Staatenlenker.

Jeder sympathische Mensch, der das Wohl seiner Mitbrüder ernstlich will und nur ein wenig aufgeklärt ist, verabscheut den Krieg, protestirt gegen Elend, Laster und Lieblosigkeit; er geht weiter und sucht, deren Folgen auszulöschen; er geht noch weiter und sucht, die Ursachen selbst zu tilgen, um so den erkältenden Schatten, das Hinderniss der natürlichen Entwickelung, von dem Leibe der Menschheit abzuhalten.

In den folgenden Blättern, welche zunächst einen vor etwa fünf Jahren mit einem Freunde geführten Briefwechsel Raum geben, habe ich bei Gelegenheit genauerer Betrachtungen über die so genannte Convention von Genf das Verhältniss des Krieges zu dem Leben gesitteter Menschen und den möglichen Einfluss der Humanität auf den Krieg darzulegen versucht. Eine der grössten Jämmerlichkeiten der animalischen Natur, ist der Krieg das ausgesprochenste Hemmniss aller höheren moralischen Entwickelung und die Quelle unzähliger Leiden für die denselben Führenden, gleichwie für deren Nachkommen. Jahrzehnte, Jahrhunderte müssen oft darüber hingehen, bis all' der leibliche und sittliche, bürgerliche und wirthschaftliche Nachtheil, welchen der Krieg einer Bevölkerung brachte, ausgeglichen ist, und oft genug ist von gänzlicher Wiederherstellung der alten glücklichen Verhältnisse niemals die Rede.

Darum ist es nöthig, mit Aufgebot aller Kräfte und Mittel daran zu arbeiten, dass der Krieg aus der Welt geschafft werde, und somit das Elend aufhöre, welches durch den Krieg selbst bedingt wird, durch seine Folgen und durch die Vorbereitungen zu demselben. Die beständige Kriegsbereitschaft saugt das Mark aus den Knochen der Völker, beeinträchtigt die ökonomische, politische, moralische und gesundheitliche Entwickelung der letzteren, und bedingt schliesslich allgemeinen Verfall, weil sie Disharmonie zur Regel macht, und weil alles Leben nur dann normal bestehen kann, wenn Harmonie die Regel ist.

Es gehören Despotismus, Laster, Sittenverderbniss, Ausartung, Krankheit, Siechthum zu den Folgen der Kriege, Verhältnisse also, die unter jeder Bedingung das naturgemässe Gefüge der Gesellschaft zerstören. Niemals noch ist durch den Krieg die Gesundheit der Menschen, deren Sittlichkeit und Mässigkeit befördert, immer noch sind alle diese Verhältnisse geschädigt worden. Niemals waren gesittete, naturgemäss lebende Menschen ohne gewissenlos verhetzt zu sein, für den Krieg, sondern immer noch gegen denselben. Kein wirklich erleuchteter, humaner Führer gebildeter Wesen kann mit einem Munde Erhaltung von Leben, Gesundheit, Glück und Zufriedenheit, und Krieg und Zerstörung fordern. Geschieht dies denn doch, so ist der Führer kein von Humanität durchdrungener Weiser und die Geführten haben den Standpunkt des Raubthierthums noch nicht ganz verlassen, haben also nur Handschuhe über die Krallen und Masken über Gebiss und Schwanz des reissenden Thieres gezogen.

Wahre Cultur und Krieg schliessen einander aus. In echter Civilisation lebend, werden die Menschen das Elend nicht kennen, werden es nicht nöthig haben, durch Alkohol über den Jammer sich hinweg zu helfen, und im Stande sein, die Liebe zum alleinigen Beweggrunde ehelicher Bündnisse zu machen. Die Folge hiervon wird Gesundheit des Leibes sein und der Sitten, Kraft und Dauer der kommenden Geschlechter.

Der Krieg und die Humanität.

(Briefwechsel zweier Freunde.)

I.

Carl Hermann Schauenburg*) an Eduard Reich.

Blutgeruch und Eiterdunst, facies Hippocratica und tetanische Bewegungen sind für Sie entsetzliche Dinge und schon der Gedanke daran vermag vielleicht schon, Sie krank zu machen. Entschliesse ich mich trotzdem, Sie zu einer Pilgerfahrt durch Gebiete in unmittelbarer Nachbarschaft der Schlachtfelder einzuladen, so geschieht es in der festen Zuversicht, dass die erhabene Humanität, von der ich Sie durchdrungen weiss, unseren Gesprächen und Untersuchungen jene höhere Weihe geben wird, ohne welche Scharfsinn und Sachkenntniss nicht im Stande sind, die immerhin schwierigen Probleme, von denen wir handeln wollen, gründlich zu beleuchten. An jene Humanität wende ich mich auch, indem ich Sie bitte, meine Einladung gutwillig anzunehmen und unsere Untersuchungen und dann vielleicht auch unsere Vorschläge zu zweckmässiger Modification und Ergänzung der Bestimmungen der Genfer Convention gemeinschaftliche sein zu lassen.

---

*) ist vor etwa zwei Jahren zu Moers in der Rheinprovinz gestorben; sein Name wird in der Medicin und Dichtkunst immer einen guten Klang haben.

Ich bin Deutscher und Preusse, Sie sind nicht vom germanischen Stamme. Ich würde deshalb mein schönes Vorrecht beeinträchtigen, wenn ich irgend erwartete und forderte, dass Sie mit demselben Grade von Verehrung zu jener hohen Frau emporblicken, welche, „um die Interessen der Humanität unter dem Symbole des rothen Kreuzes auch im Frieden zu fördern", laut und offen den Wunsch nach gründlichen Arbeiten über die Genfer Convention ausgesprochen und bethätigt hat. Aber dieser Wunsch, diese That reichen für sich hin, um der Samariterin auf dem Throne Ihr warmes Dankgefühl zu erwecken und Sie zu jedem Dienste, den man von einem freien Manne wünschen kann, auch zu diesem — Kriegsdienste bereit zu rufen, bereit zu finden.

Somit hefte ich das rothe Kreuz an Ihren Arm und begrüsse Sie als Kriegskameraden im Sinne des rothen Kreuzes, indem ich Ihnen zunächst die Bestimmungen mittheile, deren genaue Innehaltung gewünscht wird und deren Innehaltung auch unumgänglich ist, wenn das Thema nur einigermaassen erschöpfend behandelt werden soll.

Die Schrift soll enthalten:
1) die Geschichte der Entstehung der Genfer Convention,
2) eine Darlegung und Prüfung der bei ihrer Anwendung gemachten Erfahrungen und
3) Vorschläge über ihre Fortbildung durch Zusätze und Modificationen.

Ehe ich über die Entstehungsgeschichte der Genfer Convention berichte, lassen Sie mich in dieser ersten Epistel gewissermaassen einen Anlauf nehmen und weiter aus Ihrem Briefe die gerade für ein solches historisches Essay erforderliche ermunternde Aufforderung erwarten.

Ob Sie mich für einen Ideologen halten, weil ich Ihnen in

Briefen, während meiner letzten kriegschirurgischen Schrift geschrieben, wiederholt meinen Abscheu vor dem Kriege ausgedrückt habe, den ich bei dem günstigsten Ausgange ein trauriges Verhängniss für Fürsten und Völker, eine patriotische Tragödie nenne, deren Inscenirung vermieden werden muss, wenn sie irgend vermieden werden kann, ich weiss es nicht und will es nicht erörtern. Jedenfalls suche ich mich stets auf dem Boden des Wirklichen und Möglichen zu erhalten, was der Ideologe nicht thut, und hoffe das in meinen Briefen zu beweisen.

So weiss ich und verhehle uns nicht, dass unter den respectabelsten Autoritäten und Autoren entschiedene Gegner der Genfer Convention aufgetreten sind, ich sage wohl richtiger: Sachverständige, die sie als menschenunmöglich bezeichnen und ihre Ausführbarkeit bezweifeln, die mehr errathen lassen, als es offen aussprechen, wir Deutsche hätten uns, indem wir zuerst die Schibolethe der Convention auf unsere Kriegsfahnen geschrieben, den Krieg saurer gemacht und den Sieg erschwert. Bernhard Beck bezeichnet am Schluss seiner betreffenden Abhandlung den thatsächlichen Uebelstand kurz und treffend, indem er aus dem Feldzuge 1870/71 berichtet:

> man habe sich täglich überzeugen können, wie wenig Werth der Feind auf die Stipulationen der Genfer Convention gelegt, wenn er nämlich dieselbe nicht in seinem Sinne ausbeuten konnte, sondern sich selbst opferwillig zeigen sollte.

Wer die Art der Kriegführung auf beiden Seiten nur einigermaassen kennen gelernt und unbefangen beobachtet hat, wird die sachliche Richtigkeit dieser Beck'schen Behauptung nicht anfechten wollen. Wenige Seiten früher erzählt Beck anmerkungsweise, der

Maire von Couthenans bei Belfort habe selbst zu ihm gesagt: „Vous avez mille fois plus d' humanité que les nôtres!"

Ich halte dieses Geständniss eines französischen Beamten für eine der grössten Ehren, welche wir als Ausbeute des Kampfes errungen haben, und stehe auch deshalb nicht an, dass wir wegen dieses noch mangelnden Verständnisses für die Motive, Ideen und Stipulationen der Genfer Convention bei den Feinden nur um so ernstlicher und bedachter bestrebt sein müssen, sie in jeder zulässigen Weise zum Allgemeingute aller Völker, nicht bloss der sogenannten Culturvölker zu machen.

Oelblätter und Reden gegen den Krieg verflattern wie Rauch in der Luft. Wenn Etwas den Krieg unmöglich machen kann, so ist es neben der Erkenntniss seiner unbeschreiblichen Entsetzlichkeit die Verbreitung und Bethätigung wahrer Bildung, guter Sitte und echten Ehrgefühls und für diese Requisite wirklichen Samaritersinnes kämpft die Genfer Convention und muss sie in erster Instanz kämpfen, wenn sie ihrem Ziele nahe kommen, wenn sie es nur mit all' seinen Forderungen richtig in's Auge fassen will.

Und das ist der Gesichtspunkt, von dem aus ich die Genfer Convention und ihre Aufgaben ansehe, der sicher Ihre ganze Billigung hat und für den Sie deshalb, wie sehr er auch von Manchen als Utopie verketzert und bespöttelt werden mag, gern mit mir eintreten werden. Was aufhören soll, ist nicht bloss der Jammer und das tausendfältige Elend des Krieges, — wie wäre das möglich, wenn auch eine gewisse kleine Beschränkung des Kriegsjammers und Kriegselends eine etwas menschlichere Behandlung der Verwundeten und Kranken möglich ist? — was aufhören soll, ist der Krieg selbst.

So verstehe ich neben den realen die ideale Aufgabe der Genfer Convention, und wer sie so versteht, der wird, wenn er auch in guter Stunde mit hellem, leichtem Muth „einen frischen und fröhlichen Krieg" gepriesen hat, doch nicht anstehen, die Grundsätze erhaben schöner Menschlichkeit zu ihrem Rechte gelangen zu lassen und die Genfer Convention zu einem Bollwerke gegen den Krieg umgestalten zu helfen. Ich will auf diese Seite unserer guten Sache heute nicht weiter eingehen. Die Gelegenheit dazu kommt wohl noch in späteren Briefen.

Wer nur die Genfer Convention auffasst, wie sie sich zuerst darstellte, kann nicht wohl umhin, dem vorher citirten Autor beizupflichten, der wiederholt ausgesprochen hat,

> dass die Vereinbarungen eigentlich nicht mehr garantiren, als was bisher von **ritterlichen Gegnern** gegenseitig berücksichtigt und gewährleistet wurde, dass **humane, edelgesinnte Menschen** sich stets der Hülflosen, sowie des ärztlichen Personales etc. annehmen werden, schlechte dagegen sich nicht an Verträge binden. —

Ritterliche Gegner! Humane, edelgesinnte Menschen! Der Verfasser lässt die Worte aufmarschiren, als ständen die gemeinten Personen ebenso leicht zur Verfügung, als wären Ritterlichkeit, Humanität, Edelsinn allgemeine Eigenschaften der selbstverständlichen Tagesordnung, die nicht erst durch conventionelle Gebote von Rangclassen, kirchlichen und weltlichen Orden und Innungen und von den Nöthen schwerer Zeit motivirt, eingeprägt und gefordert werden müssten! Unverkennbar und unbestreitbar hatte, vorahnend und seines grossen Geistes Denkbilder in grossen Worten Gestalt gebend, Göthe in einem seiner schönsten und bedeutendsten Gedichte etwas Aehnliches wie den Genfer Vertrag und Verband im Sinne, als er predigte:

> Der edle Mensch
> Sei hülfreich und gut!

Unermüdet schaff' er
Das Nützliche, Rechte,
Sei uns ein Vorbild
Jener geahnten Wesen! —
Er allein darf
Den Guten lohnen,
Den Bösen strafen,
Heilen und retten;
Alles Irrende, Schweifende
Nützlich verbinden!

Und diese nützliche Verbindung der irrenden und schweifenden Humanitätsideen der Genfer Convention ist es, welche sich dieselbe als hohen und edlen Zweck vorsetzen und an deren Fortbildung und Einpflanzung an allen Orten sie von Jahr zu Jahr, von Jahrhundert zu Jahrhundert unermüdet schaffen soll. Die Ritterlichkeit muss nicht blos äusserlich schmückendes Wahrzeichen einer bevorzugten Kaste sein, sondern die andere Natur aller Menschen werden und das Unterscheidungsmerkmal derselben

Von allen Wesen,
Die wir kennen!

Nenne man dann die Genfer Convention eine grosse, offene Freimaurerei des Krieges, ich will Nichts dagegen haben. A moi, fils de la veuve da Naphtali! —

Ich glaube passender Weise diesen Brief nicht schliessen zu sollen, ohne noch die wichtigsten weiteren Bedenken B. Beck's in Betreff der Ausführbarkeit unserer Stipulationen vorgetragen zu haben. Früher oder später werden wir eingehend diese Bedenken in das Gebiet unserer Untersuchungen herüberziehen und auf sie Bezug nehmen müssen. Er sagt:

Bei der mangelhaften unzweckmässigen Fassung der Artikel konnten Calamitäten nicht ausbleiben. Die ganze Angelegenheit steht deshalb auf dem Boden der Illusion und nur dann kann der grosse Zweck einigermaassen wenigstens erreicht werden, wenn das gesammte ärztliche Personal mit den dazu gehörigen Zweigen und das zu dessen Wirken nöthige Material, beziehungsweise alle ärztlichen Einrichtungen, Anstalten, wie Sanitätsdetachements, Feldlazarethe, stehende Kriegslazarethe, Reservelazarethe, Ambulanzen mit Aerzten, Lazarethgehilfen, Krankenträgern, Hilfskrankenträgern, Verbandzeugträgern, Krankenwärtern, Köchen, Dienern, Verwaltungsbeamten, Offizieren, Trainmannschaften, Pferden, Gepäck, desgleichen das Personal und Material der freiwilligen Hülfsthätigkeit und Krankenpflege, unter allen Umständen für neutral erklärt und die Besorgung der Kranken und Verwundeten in keiner Weise beeinträchtigt wird.

Beck selbst fügt erläuternd hinzu, dass übrigens weniger die unpraktische Fassung verschiedener Artikel zu Confusion und Calamität Anlass gegeben habe, als der Mangel an humanen, ehrenhaften, ritterlichen Gesinnungen, welche sich nicht allein bei einzelnen Persönlichkeiten oder bei der Hefe des französischen Volkes, sondern auch selbst bei militärischen Behörden bemerklich gemacht habe. Aber nicht blos dieser Mangel an sich steht nach seinen Erfahrungen der Ausführbarkeit der Genfer Ideen entgegen, es sind zwei andere Factoren, welche sich in den aussergewöhnlichen Verhältnissen des Krieges geltend machen und von denen Beck behauptet, dass die Verehrer der Genfer Convention aus Unkenntniss des Krieges und dessen, was er im Gefolge hat, sie „zu sanguinisch und naiv" ansähen, um trotz derselben an den Einfluss des rothen

Kreuzes im weissen Felde, also überhaupt an die allseitige Ausführbarkeit der Convention zu glauben.

Er schreibt:

> Die Erreichung der militärischen Aufgabe, Besiegung und Vernichtung des Feindes, spielt im Kriege die Hauptrolle und der Befehlshaber ist deshalb gezwungen, den Umständen in seinem Sinne Rechnung zu tragen; er kann sich nicht immer in detaillirte Bestimmungen eines Vertrages einlassen, nur im Principe die Neutralität des gesammten ärztlichen Personals und Materials, die möglichste Fürsorge für die ihm zufallenden Kranken und Verwundeten gewährleisten. Ist eine solche Zusage allerhöchsten Ortes sanctionirt, so ist viel gewonnen und wird sicherlich, da die detaillirten Anordnungen durch die höchste militärische Behörde, nach vorausgegangener Verständigung mit dem Generalstabe, zu treffen sind, das Wohl der Leidenden in möglichster Weise berücksichtigt werden.

Es ist erfreulich und wir nehmen Act davon, dass Beck nach allerhöchster Sanctionirung und nach Verständigung der militärischen Führer gegen die Ausführbarkeit der Genfer Ideen nur noch beschränkten Protest einlegt.

Er sagt weiter und knüpft direct an seine eigenen Beobachtungen an:

> Als anderen Factor, welcher sich im Kriege in nachtheiliger Weise bemerkbar machte, ist die schrankenlose Entfaltung roher Leidenschaft, der häufig niedere Grad von Bildung, Civilisation, Moral, der Mangel an humanen Ideen etc. zu bezeichnen. Wer wiederholt Gelegenheit hatte, sich zu überzeugen, wie durch den Krieg nach und nach die edle Seite des Menschen nothleidet, sogar zu

Grunde geht, wie der gemeine Egoismus sich allmälig
Bahn bricht, die Anlagen zu einem ehrenhaften Character
häufig in die Brüche gehen, wie unter dem Vorwande edlen Patriotismus sich Menschen zu schändlichen, gegen jede
Moral und Humanität verstossenden Handlungen hinreissen
lassen, der giebt sich sicherlich nicht einer ungetrübten
Hoffnung hin, dass ein internationaler Vertrag mit seinen
vielen Bestimmungen und Voraussetzungen den gewünschten Schutz gewährt. Es müssen deshalb die Menschen in
entsprechender Weise herangezogen werden, damit ihnen
auch die Pflichten, welche sie jederzeit den Hilflosen gegenüber zu erfüllen haben, in Fleisch und Blut übergehen,
damit sich jeder Einzelne bestrebt, über niedere Leidenschaften Herr zu werden und sich stets nur von edlen Motiven leiten lässt. Die Erreichung dieses Zieles zu ermöglichen, ist eine Aufgabe Aller, welche das Wohl der Leidenden im Auge haben und müssen deshalb vorzugsweise
die leitenden Behörden bei richtigem Verständniss der Convention in dieser Hinsicht bei jeder Gelegenheit ihren Einfluss geltend machen, mit dem guten Beispiele vorangehen
und die Pflichten der Humanität getreulich ausüben.

Auch hier lenkt Beck schliesslich ein und macht das Gelingen
von dem guten, d. h. von dem aufrichtig und wirklich guten Willen der Vorgesetzten abhängig. Wer in militärischen Verpflichtungen gelebt und gewirkt hat, wird ermessen, wie viel und wie
Seltenes er damit fordert, und sich erinnern, wie viel Gutes und
Nothwendiges durch Wirkung der — feinen Leidenschaften hintertrieben und hintangehalten wird. Besonders sind es die faitnéants,
die durch Cliquendienst in hohe Stellungen gelangt sind, welche
unermesslichen Schaden der guten Sache zufügen und um ihre eige-

nen Angelegenheiten möglichst sicher zu stellen, sich mit ihren gleichartigen Creaturen umgaben, viel Unrechtes verzeihen und sich blind dagegen machen, um selbst bei ihren oft genug lichtscheuen Operationen und Intriguen unangefochten zu bleiben oder doch auf wirksamen Beistand der Camarilla und Cameraderie sich Rechnung machen zu dürfen.

Ich bedauere aufrichtig, diesen ersten Brief mit einem so unerquicklichen Seufzer und Aufschrei schliessen zu müssen, aber ich meine, wir sollen und wollen uns in diesen Briefen keine Gewalt anthun.

II.

Eduard Reich an Carl Hermann Schauenburg.

Ich danke Ihnen für Ihren lieben Brief und für das mir geschenkte Vertrauen herzlich und will gerne mit Ihnen eine Reise durch Gegenden machen, wo der Mensch in seiner blinden Leidenschaft, in seiner gesitteten Barbarei den Menschen tödtete, verstümmelte, alles nur erdenkliche Böse ihm anthat; wo ein Stamm, eine Rasse, eine Partei, einen anderen Stamm, eine andere Rasse, eine andere Partei zu vertilgen, zu unterjochen, zu besiegen strebte; wo der gebildete und christlich sich nennende Europäer dem gebildeten und christlich sich nennenden Europäer Blei und Eisenstücke durch den Leib schoss, Glieder abhaute, den Schädel spaltete; wo Tausende in die Luft gesprengt, Dörfer angezündet, ganze Landstrecken verwüstet wurden; — dorthin will ich Sie begleiten, und will all' den Jammer, all' die Gräuel der Zerstörung an meinem geistigen Auge vorüberziehen lassen, um desto energischer die civilisirte Wildheit zu verdammen, desto kräftiger meine schwache Stimme zu erheben zu Gunsten von Einrichtungen, deren letztes Ziel doch nur die Abschaffung der systematischen Menschenvertilgung, des Krieges ist.

Gerne gestehe ich Ihnen, dass der Geruch der Schlachtfelder, das Geschrei der Verwundeten, das Stöhnen der mit dem Tode Ringenden, dass dies Alles in eine sehr traurige Stimmung mich versetzt in eine Stimmung, die kaum dazu angethan ist, in gemeinen menschlichen Dingen überhaupt viel Anderes, als Raubthierartiges zu sehen, kaum dazu angethan ist, die gemeine Moral anders, denn als Heuchelei, die gemeine Politik anders, denn als Egoismus eben des reissenden Wolfes zu betrachten. Aber wir wollen auf unserem gemeinsamen Wege nach vielen beschwerlichen Tagen und durchwachten Nächten die hohe Warte zu finden suchen, von der aus wir das Dämmerlicht einer neuen, einer menschlicheren Zeit sehen, begrüssen können.

Als ich zu Ende des Jahres 1863 von der Genfer Convention hörte und die Beschlüsse derselben durchdachte, wollte es mir vorkommen, als ob der Mensch allmälig zu der Erkenntniss gelangt sei, dass Kriege eigentlich doch gar nicht in das Gesittungsleben gehören, und dass die Barbarei allmälig abgeschafft werden müsse. Sehr wohl wussten und ahnten die Ehrenmänner, welche damals in Genf sich vereinigten, dass der Krieg nicht so mirnichts dirnichts wegdecretirt werden könne; sie wussten und ahnten, dass die zarten Keime der Humanität dort gepflanzt werden müssen, wo die Opfer des Krieges, die verwundeten Soldaten zunächst in Betrachtung kommen. Mit dem vortrefflichsten Instincte suchten sie inmitten des brutalen Schlachtens und Mordens neutralen Boden zu gewinnen, auf dem der Feind aufhört, Feind zu sein und nur Mensch ist; auf dem alle Dialecte verstummen vor der Sprache der Humanität, der Nächstenliebe; von dem aus humane Ideen und Gefühle sich verbreiten, wie die Lichtstrahlen von einem leuchtenden Körper aus. Sie wollten die Barmherzigkeit in Kreisen zur Geltung bringen, wo bis dahin nur Interessen galten; sie wollten der Humanität Anerkennung im Sturme der wilden Leidenschaften, inmitten des Reissens, Beissens, Sengens und Brennens sichern, wohl wissend und ahnend, dass die Gefühle der Liebe und Barmherzigkeit nur auf Kosten jener carnivorischen Gefühle, aus denen der Krieg entspringt, wachsen und gedeihen können.

Humanität neben Bestialität! Schreitet die Gesellschaft physisch und moralisch vorwärts, so muss die Humanität in demselben Maasse sich vermehren, in welchem die Bestialität sich vermindert; es muss also jeder wirkliche Fortschritt in der Civilisation eine Vermehrung der Menschlichkeit und eine Verminderung der Wildheit, der Leidenschaften, der Hab- und Blutgier, somit auch des Krieges mit sich bringen. Die Convention von Genf nun sucht der Humanität immer gröseren Boden zu erobern; demnach muss sie Wildheit, Leidenschaften, Hab- und Blutgier: den Krieg, immer mehr beschränken und, im günstigen Fortgange, zuletzt immer schwieriger machen. Sie ist durchführbar, wenn die Gesellschaft wirklich, also auch in moralischer Hinsicht progressiv sich entwickelt; sie ist nicht durchführbar, wenn die bürgerliche Gesammtheit nur in materieller Cultur vorwärts schreitet, nur intellectuell sich entwickelt, aber moralisch faul ist und immer mehr in den Sumpf geräth.

Wer an die Unmöglichkeit der Ausführung der Genfer Convention glaubt, glaubt an die Unmöglichkeit sittlicher Vervollkommnung der Menschen, an die Ewigkeit der Hab- und Blutgier, der polirten oder unpolirten Bestialität, an die Ewigkeit des praktischen Materialismus und an die völlige Nebulosität jener Ideale, an welche zu allen Zeiten das wahre Menschenglück sich knüpfte, die im Erdensohne keimend und blühend jedem Unverdorbenen der wahre Leitstern auf dem Wege zur Tugend sind und zur Glückseligkeit.

Sie haben einen vortrefflichen Ausspruch gethan, da Sie sagten, die Deutschen müssten dahin sich bestreben, die Ideen, Abmachungen u. s. w. der Genfer Convention zum Allgemeingute der Völker zu machen. Deutschland, die militärisch gewichtigste Grossmacht des Augenblicks, ist hierzu in jeder Beziehung ganz wohl geeignet; es kann mittelbar und unmittelbar hierfür in ausserordentlichem Maase wirken. Wenn nun die Regierung des deutschen Reiches in Verbindung mit dem wahrhaft human gesinnten Theile der Bevölkerung durch Wort und Beispiel energisch wirkt, so kann die Genfer Convention bald Gemeingut aller Völker werden. Was wirkt denn kräftiger und sicherer im Leben der Nationen, als das Beispiel der gewichtigsten Grossstaaten? Will also das deutsche Reich ernstlich die Genfer Convention, so wollen selbe bald alle Reiche und Länder, und die widerstrebenden Leidenschaften eines einzelnen Staates brechen gar bald sich an dem Felsen des Willens der Gesammtheit.

Die Artikel der Genfer Convention, weil etwas Menschliches und ein Anfang, ein sehr schwieriger Anfang, konnten nicht in Vollkommenheit zum Lichte emporsteigen, wie Minerva aus dem Haupte Jupiter's; sie mussten als Entwurf in die Welt gehen und durch die Erfahrung, durch den Fortschritt der Zeit modificirt, rectificirt, vervollkommnet werden. Es ist ja mit allen Dingen so, und hauptsächlich mit denen, welche zur Förderung des Menschenwohles dienen. Deshalb war vorauszusehen, dass die ursprünglichen Artikel der Genfer Convention im Laufe der Zeit zum Theile wesentliche Veränderungen erfahren mussten und noch werden erfahren müssen, um ihren Zweck möglichst vollständig zu erreichen.

Man hebt den Mangel humaner Ideen (Gefühle) als ein Haupthemmniss der glücklichen Verwirklichung der Idee der Genfer Convention hervor. Mit Recht; denn es giebt nur wenige human fühlende Wesen innerhalb jener grossen Horden lackirter Barbaren, welche civilisirte Europäer sich nennen. Sicher und gewiss lässt diesem Mangel sich abhelfen, lassen humane Gefühle sich cultiviren, in allem Volke erwecken: durch gute Volkserziehung und durch das gute Beispiel der Grossen und Mächtigen. Sind die Tonangebenden human, so finden sie Nachahmer; sind die Erzieher human, so sind es auch die Erzogenen. Wenn also ein Volk der Doppelwirkung von Jugend und Beispiel ausgesetzt ist, dann gewinnt es Verständniss für den Inhalt und das Endziel der Genfer Convention, und geht zuletzt über diese Brücke in jene heiligen Hallen ein, welche alle normalen Organisationen mit dem Wunsche des Friedens und der Eintracht erfüllen, in die heiligen Hallen wahrer Civilisation. Ein derartiges Volk bringt nur solche Diplomaten hervor, deren einziges Bestreben nicht auf Schädigung, sondern auf Beglückung der ganzen Nation gerichtet ist; ein solches Volk ist voll von Ehrenhaftigkeit, Menschenliebe und Würde. Erziehung und Beispiel!

Flössen Sie den hohen und höchsten Persönlichkeiten jene Wärme des Herzens, jene Kraft der Ueberzeugung und jenen Muth der guten That ein, wie solche nöthig sind, um von alten Vorurtheilen, lächerlichen Traditionen, Einfluss schlimmer, verächtlicher und verrotteter Elemente sich loszumachen; jenen Muth ein, der dazu gehört, der Wahrheit ruhig in das Angesicht zu sehen und über Nachteulen, Uhu, Klapperschlangen und Wölfe in Schafskleidern mit Verachtung hinweg zu blicken; — dann, aber erst dann dürfen Sie erwarten, dass jeder Geeignete an den naturgemäss ihm zukommenden Platze stehen werde; erst dann dürfen Sie erwarten dass die Hälfte der heutzutage verloren gegebenen Verwundeten im Kriege dem Leben erhalten, dass der Ausführung der Genfer Convention Hindernisse wesentlicher Art nicht werden entgegengesetzt werden.

Erlauben Sie mir zum Schlusse noch einige Bemerkungen und Fragen über die Artikel der Genfer Convention selbst. Der Congress, welcher Ende 1863 zu Genf tagte, fasste, wie dies alle Welt weiss, folgende Beschlüsse:

1. „In jedem Lande wird ein Ausschuss gebildet, dessen Mission darin besteht, in Kriegszeiten mit allen zu Gebote stehenden Mitteln den Sanitätsdienst der Armee zu unterstützen. Dieser Ausschuss organisirt sich aus sich selbst nach der am geeignetsten ihm scheinenden Weise."

2. „Es können Sectionen in unbeschränkter Zahl sich bilden, um diesen Ausschuss zu unterstützen, der die oberste Leitung des Ganzen übernimmt."

3. „Jeder Ausschuss soll mit der Regierung seines Landes sich benehmen, damit sein Anerbieten im Nothfalle gutgeheissen werde."

4. „In Friedenszeiten beschäftigen sich die Ausschüsse und die Sectionen mit den Mitteln, um im Kriege wahrhaft sich nützlich zu machen, indem sie vor Allem für die materiellen Hülfsmittel jeder Art Sorge tragen und die freiwilligen Krankenwärter unterrichten."

5. „In Kriegszeiten liefern die Ausschüsse der kriegführenden Nationen ihren Mitteln entsprechend Hülfsmittel an ihre respectiven Armeen; besonders organisiren sie freiwillige Krankenwärter und sorgen, im Einvernehmen mit den Militärbehörden für Localitäten, um die Verwundeten heilen zu können. Sie können um die Mithülfe der den neutralen Staaten angehörigen Ausschüsse nachsuchen."

6. „Nach Bedarf, und im Einverständnisse mit den Militärbehörden, schicken sie die freiwilligen Krankenwärter auf das Schlachtfeld und stellen selbe dann unter den Oberbefehl des militärischen Häuptlings."

7. „Die im Gefolge der Armeen verwendeten freiwilligen

Krankenwärter sollen von ihren respectiven Ausschüssen mit Allem, was zu ihrem Unterhalte nöthig ist, versehen werden."

8. „Die Krankenwärter etc. tragen in jedem Lande als unterscheidendes Kennzeichen eine weisse Armbinde mit rothem Kreuze."

9. „Die Ausschüsse und Sectionen der verschiedenen Länder können sich auf internationalen Congressen versammeln etc."

10. Der Austausch der Mittheilungen zwischen den Ausschüssen der verschiedenen Nationen geschieht vorläufig durch Vermittelung des Ausschusses von Genf."

Man kann diese Beschlüsse nur als Ausfluss des höchsten Grades von Menschenfreundlichkeit betrachten; doch kommt jedem wirklichen Philantropen der Gedanke, dass besser als alle Genfer Convention und deren beste Ausführung, ein energischer Protest aller Völker gegen den Krieg, die thatsächliche Entwaffnung aller Heere, und die gewisse Isolirung der den Krieg Anzettelnden wäre. Die Menschen schlagen gegenseitig sich todt und suchen zu Krüppeln sich zu machen, und dann gehen sie wieder hin, und vollbringen Werke der Nächstenliebe an den von ihren Brüdern, Vettern u. s. w. halb todt Geschlagenen. Eine Logik, wie sie nicht sein soll; eine Philosophie, dass man das Podagra bekommen könnte! Mehr als Rothomago-Theater!

Nehmen wir aber die Sachen, wie sie sind, und lassen wir durch die Albernheiten des grossen Haufens der nur äusserlich Civilisirten, der humanen Bestien, uns nicht irre leiten, so erscheint uns die Genfer Convention als etwas ungemein Vortreffliches, als etwas nur bei einem Anfluge von gutem Willen Durchführbares. und als ein Gegenstand, der nach allen Richtungen hin der Verbesserung fähig ist.

Die Wirksamkeit eines philantropischen Ausschusses, wie der Genfer Congress für jedes Land einen solchen fordert, hängt meiner Ansicht nach von sehr vielen Verhältnissen ab. Zunächst wird es wohl darauf ankommen, ob in dem betreffenden Lande mehr die Selbsthülfe oder mehr die Staatshülfe ausgeübt werde; denn es ist ein grosser Unterschied, ob Jemand selbst zu handeln weiss, oder ob er von der Obrigkeit, von dem Staate Alles erwartet. In den Ländern der Selbsthülfe wird also die Genfer Convention der besonderen Gunst des Staates nicht sich zu empfehlen brauchen, während in den anderen Ländern gerade die Regierung, die Obrigkeit, dafür sich interessiren und warm sich annehmen muss, wenn überhaupt ein Erfolg erzielt werden soll.

Es giebt überall so viele reiche Leute, dass diese allein im Stande wären, ohne alle Staatshülfe und ohne alle Bettelei bei den Proletariern, nicht eine sondern zehn Genfer Conventionen auf einmal zu verwirklichen. In vielen Staaten aber sind diese reichen Leute so über alle Maassen selbstsüchtig und beschränkt, grobmaterialistisch und gemüthlos, mit einem Worte: so ekelhaft plebejisch, dass man bei Durchführung der Genfer Convention nicht im Geringsten auf diese Barone des Geldsackes rechnen kann, sondern die Regierung um Schutz und Wohlwollen, und die — Proletarier um die Hauptsummen bitten muss. Hier wird also immer die Regierung und die im Schweisse des Angesichtes arbeitende Klasse das Alpha und Omega der Hoffnung der Philantropen des rothen Kreuzes sein.

Dort, wo die kleinere Hälfte der reichen Leute nur etwas von Ehrenhaftigkeit, Menschenliebe und Grossmuth hat, bedarf es nur der Uebereinstimmung der Regierung und des Feldherrn, um alle Beschlüsse und Wünsche der Männer von Genf auf das Glänzendste zu erfüllen.

Wer soll nun in den Ausschuss eines jeden Landes gewählt werden?

Sie, der Sie über einen so grossen Schatz der köstlichsten Erfahrungen und über eine sehr genaue Kenntniss des Menschen besonders zu Zeiten des Kanonendonners ,verfügen, werden diese Frage am besten beantworten. Ja, w e r soll gewählt werden?

Der alte Fritz sagte, es dürfe eine Gazette, die gut sein soll, nicht genirt werden. Also dürfen, wie ich bescheiden glaube, Ausschüsse und Sectionen mindestens auch nicht genirt werden. Ich möchte sehr gern Ihre Ansicht über diesen Punkt wissen.

In Friedenszeiten sollen, so wünscht es die Generalität des rothen Kreuzes, philanthropische Vorbereitungen für den Krieg gemacht werden, und daneben lässt die Generalität des grauen Kreuzes barbarische Vorbereitungen zu dem grossen Werke des Sieges machen, als da sind: Messer schleifen, Bratspiesse wetzen, Kugeln giessen, Bollwerke bauen und was dergleichen diabolische Dinge mehr sind. Also Genf soll recht viel Pflaster, Verbände, Schiebekarren, Wagen zurecht machen zur Erhaltung des Kanonenfutters, und der Gegenfüssler speculirt bis zum Fieber und Kopfschmerz, wie er das Kanonenfutter in der schnellsten und sichersten Art zerschleissen soll. — Seien Sie so gütig, in diesem Stücke freundlich mich von Ihrer Meinung zu unterrichten.

Genf soll stets im Einvernehmen mit den Militärbehörden handeln. Meiner Ansicht nach muss Genf die sämmtlichen Sanitätspersonen der Heere unter seinem obersten Commando haben und Alles so veranlassen, dass die Anführer und Soldaten von der philanthropischen Thätigkeit der rothen Kreuz-Fahrer nicht genirt werden. Die Sache ist schwierig; aber ich glaube an die Möglichkeit der Ausführung, denn ich sah von Chinesen und Amerikanern noch viel schlimmere Kunststücke und selbst auf hohem Seile ausführen, und es ging Alles trefflich von Statten; nur gehört zu Allem gute Schule, viel Geistesgegenwart und Elasticität. Was die Chinesen können, bringen die hochweisen Europäer auch fertig, wenn sie wollen.

Die Ausschüsse können ihre Krankenwärter und sonstigen Angehörigen im Felde nur dann mit allem Guten und Nützlichen versorgen, wenn sie von den Anführern der Krieger als ebenbürtig geachtet und von den bei den Fleischtöpfen daheim sitzenden Mitmenschen reichlich mit Allem versehen werden. Wenn Nabob nicht giebt und die Kriegshäuptlinge glauben, das rothe Kreuz sei ein Abzeichen besonderer Arten von Gesindel, dann — schweigen alle Flöten!

Nun muss ich für einige Stunden von Ihnen mich trennen, um durch ein Seebad mich zu erfrischen und auf einer Promenade am Strande die Luft einzuathmen, die von Dänemark herüberweht.

III.

Carl Hermann Schauenburg an Eduard Reich.

Ich darf es mir nicht gestatten und kann es auch nicht versuchen wollen, sehr lieber Freund, den zündenden, leuchtenden und — verzehrenden Feuerstrom Ihrer Rede eine auch nur halbwegs ähnliche Gluth entgegenzusetzen; ich begnüge mich und will mich begnügen, auf Einzelheiten kurz zu antworten und dann die Unterhaltung auf die weiteren Einzelheiten unseres Themas fortzuleiten, jedem Dritten anheimstellend, seine individuelle Ansicht sich zu bilden, wie er will und muss. Unzählige und unberechenbare Einflüsse wirken auf die Ansicht des Einzelnen ein; wir thun unsere Pflicht, wenn wir, Jeder für sich, offen Farbe bekennen und uns bemühen, verständlich zu werden.

Kurz muss ich schon deshalb zunächst sein, weil wir über die Genfer und nicht über die Genfer Convention handeln wollen. Dieser letztere Verband hat sich geradezu die Aufgabe gesetzt, gegen den Krieg und seine fernere Möglichkeit mit allen zulässigen Mitteln, aber zunächst mit permanenten Schiedsgerichten, anzukämpfen. Wir bescheiden uns, in Genf nur Mittel gegen die unmenschlichen Gräuel der Kriegführung zu ersinnen und zur allgemeinen Gutheissung und officiellen Anerkennung vorzubereiten.

Sie fragen, wer uns gewählt habe und was uns berechtige, auch das Wort zu ergreifen und mitzusprechen? Niemand! Wir haben uns selbst berechtigt, weil wir uns verpflichtet fühlen und wissen, dass der Gerechte gehört werden muss. Est Deus in nobis, agitante calescimus illo! Schwierigkeiten keiner Art dürfen uns schrecken.

Glück genug, dass der Genfer Verein eine thatsächliche Macht geworden ist, dem sich mehr und mehr selbst die ursprünglich widerstreitenden Elemente unterwerfen und fügen müssen. Ich will nicht zu grosses Gewicht darauf legen, dass der vielfach komische Schachzug des neuen Xerxes Anlass geworden, dass auch das seit vier Jahrhunderten ausgemergelte Persien seinen Beitritt erklärt hat; kann Persien der Convention nicht direct nützen, so geschieht das indirect, weil unsere Humanitätsideen in Teheran zur Sprache kommen und bei Einigen zum Nachdenken Anstoss geben. Das ist Gewinn, und er ist um so grösser, als in unserem Jahrhundert Ideen schneller ihre Weltreise machen, als zur Zeit Christi und Muhameds.

Denn auch nach Westen hin hat die Genfer Convention ihren Samen und ihre Absenker verbreitet. Wie bürgerstolz auch immer Nord-Amerika sich abgeschlossen und abwartend verhalten zu dürfen glaubte, wohl hauptsächlich weil die Mehrzahl seiner Angehörigen der „Selbsthülfe vor der Staatshülfe" den Vorzug gab, jetzt — Mitte October 1873 — erhalten wir die Nachricht, dass Südamerika sich nicht weiter abschliesst. Sie erinnern sich, dass Dr. Schuhmacher früher bei der Verwaltung des Verwundeten-Hülfsvereins zu Bremen in hervorragender Weise betheiligt und Begründer des dortigen vaterländischen Frauenvereines war. Jetzt berichtet er als deutscher Minister-Resident in Santa Fé de Bogotà, dass mehr und mehr die Genfer Convention in Südamerika Anerkennung findet. Der in diesem Jahre zwischen Columbien und Peru abgeschlossene Freundschafts-, Handels- und Schifffahrts-Vertrag bestimmt unter Anderem auch:

1. Dass die Hospitäler und Kriegs-Ambulancen für Verwundete, die Sanitätsverwaltung und der Sanitätsdienst, die Verpflegung und der Transport von Verwundeten, wie auch die Aerzte, Wundärzte und Geistlichen neutral sein und in Folge dessen während der Wahrnehmung ihrer Verrichtungen Seitens der Kriegführenden besondere Rücksichten geniessen sollen.

2. Sie können, wenn sie ihre Verrichtungen beendet haben, nach dem Standorte des Truppentheils sich zurückziehen, zu dem sie gehören.

3. Hierbei ist ausgemacht, dass Hospitäler und Ambulancen nicht als neutrale betrachtet werden, wenn sie von einer Truppenmacht bewacht sind, welche grösser ist, als die zum Schutze gegen Angriffe von Privatpersonen durchaus nothwendige.

Ich pflichte Ihnen gern darin bei, wenn Sie sagen, dass dies Alles nur erst spärliche Anfänge, schwache Hülfen und immerhin nur erst auf dem Papier bestehende pia desideria sind, an die der leidenschaftliche Geist der Südamerikaner sich wenig stören würde, wenn seine Kampflust und Blutgier erwacht seien. Es ist jedenfalls die Bahn gebrochen und die Strasse frei gelegt, auf der nun vor und nach die Ideen weiter ihren Einzug halten können.

Ausbreitung und Verbesserung unserer Stipulationen ist nicht blos zunächst, sondern noch für lange, lange Zeit, für unser Menschenauge wohl für alle Zeit die Aufgabe, die wir uns gestellt haben. Eine Convention wie die Genfer wird nie fertig, kann nie als endgültig abgeschlossen betrachtet werden. Wie vielfältig die Curatoren und Protectoren gesorgt und festgestellt haben, stets wieder werden Mängel erkannt, Revisionen und Ergänzungen nothwendig werden und sich so das Werk in stetem Flusse und von Jahrzehend zu Jahrzehend in Neugestaltung befinden. —

Einstweilen werden die kleinen Kriege, wie zur Zeit der einfältige spanische Bürgerkrieg, noch wie bisher geführt werden. Sie können sich unter Umständen recht sehr in die Länge ziehen und mehr Ungemach den betroffenen Landschaften bereiten, als dass sie wirkliches grosses Schlachtenunglück und Hekatomben Verstümmelter zur Folge hätten. Es ist dies Treiben jenseits der Pyrenäen auch mehr eine von den Pfaffen organisirte Räuber- und Banditen-Wirthschaft, als eine ehrliche Kriegführung. Es ist so Etwas nur in mehr weniger herabgekommenen Ländern, bei herabgesunkenen Völkern möglich, nur in gewissen Gegenden. Die Kämpfe der dominirenden Culturvölker unter einander haben längsthin einen wesentlichen anderen Character gezeigt und stets einen beschleunigten Verlauf genommen. Und diese andere, intelligentere Kriegführung der Culturvölker ist es, auf die ich ziele, wenn ich dem Gedanken Raum gebe, dass sie es, je mehr noch ihre Methode und Technik sich vervollkommnete zu längerer Kriegsdauer, ja zu zahlreichen Schlachten gar nicht mehr kommen lassen, dass der Kampf sich im Wesentlichen auf den Aufmarsch beschränken werde. Die Soldatenehre ist ein buntschillerndes Wort der zu Liebe viel unschuldiges und wenig schuldiges Blut geflossen ist. Glauben nicht auch Sie, dass in absehbarer Zeit die Intelligenz der Soldatenehre das Feld streitig machen und abgewinnen wird? Dann können Kämpfe mangelhaft disciplinirter und nur halbausgerüsteter Truppen gegen wohldisciplinirte und perfect gerüstete Corps nicht mehr stattfinden. Jene werden umzingelt und entwaffnet sein, ehe das Commando zum Losschlagen erschallen konnte, und der Krieg wird in einer frühzeitigen Friedens-Uebereinkunft sein Ende finden.

Ausser Pfaffenschwindel und Soldatenehre ist Dynasteninteresse die Quelle von Kriegen und war die unläugbare erste Ursache des Krieges von 1870/71. Napoleon III., der nie wirklich gehofft hat, den Rhein als „natürliche Grenze" herzustellen, hätte um den Preis, seine Dynastie von Preussen garantirt zu sehen, gern und leicht Elsass-Lothringen ausgeliefert, und als er die „Promenade nach Berlin" sorgenvollen Herzens und widerwillig zugab, galt sein Auszug in der That und Wahrheit dem Halbtausend republikanischer Matadore in Frankreich, die ihm und seiner Familie die Beherrschung der Franzosen und seine Machtstellung missgönnten. Nach einer oder einigen siegreichen oder vollends unentschiedenen Schlachten hätte er ohne allen Zweifel ein Villafranca herbeizuführen gesucht, nicht um auf Preussen zu dupiren, — darauf hat er sich wohl längst keine Hoffnung mehr gemacht! — sondern um die preussische Alliance, nach der von jeher sein heimliches Trachten ging, zu erzwingen und seine Dynastie unter hohenzollernschen Schutz zu stellen. Dass Alles anders, ganz anders gekommen ist, findet seine Erklärung in der Thatsache, dass er und noch mehr seine Camarilla Deutschland so wenig kannten, wie jetzt Pio IX. und die Curie es kennen.

Nach der Gefangennahme von Sedan war der Krieg von 1870, der einzig dem dynastischen Interesse galt, zu Ende. Es begann aber sofort der Krieg mit der „Nationalehre", die bei unseren westlichen Nachbarn wesentlich „Soldatenehre" ist. Dieser zweite Krieg konnte erst beendigt werden, als auch die Soldatenehre in Ducros und Genossen erlegen und aus dem Felde geschlagen war, wobei man kluger Weise dem eitlen Volke die Prestige liess, ihre Soldatenehre sei bei Belfort gerettet.

Der erste Krieg hatte einen vierwöchentlichen Kampf gekostet. Dass der zweite gegen die Regierung der Landesvertheidigung, resp. der Soldatenehre, längere Zeit forderte, ist genügend erklärlich aus der Weite der Landstrecken, durch die wir in der begonnenen rauhen Jahreszeit die neuen Armeen der — Soldatenehre aufsuchen mussten, und in dem Umstande, dass Paris fallen sollte. Es sollte fallen, womit die „Soldatenehre" sich sonst nie für besiegt erklärt hätte, und es musste durch langsame Aushungerung zu Fall gebracht werden, weil ein Sturm zu blutig gewesen sein würde und ein durch Kampf niedergeworfenes Paris uns eine Art Pflicht auferlegt hätte, für die ruinirte Stadt nun auch wieder zu sorgen. Die nähere Pflicht für uns selbst gebot uns, „Ruin und Sorge" den Franzosen selbst zu überlassen und mit dieser Doppelarbeit wird die verblendete Nation sich wohl noch einige Jahre zu beschäftigen haben. Unser Artilleriekampf mit Paris hat übrigens auch nicht mehr als vier Wochen gekostet, vom 27. December 1870 bis zum 28. Januar 1871.

Der Kampf mit der nationalen Vertheidigung der Soldatenehre wurde am 6. September 1870 damit inaugurirt, dass Favre allen Vertretern Frankreichs im Auslande anzeigte, die Regierung werde keinen Fuss breit Landes und keinen Stein einer französischen Festung abtreten. Im Norden, Westen und Süden musste dieser Kampf ausgefochten werden und zog sich auch bis Ende Januar 1871 hin. Der Februar brachte die Verhandlungen, der 1. März den Präliminarfrieden.

Ich habe weit ausgeholt, damit wir uns über die Kriegesfactoren und die Ursachen der langen Dauer des zweiten Krieges schneller einigen können. Es kamen eben die verschiedenartigsten Factoren in Mitleidenschaft, an den ersten knüpfte sich unmittelbar der zweite Krieg, an den um die Dynastie der um die Ehre. —

Durch Cholera und Choleraberichte in meinem letzten Briefe unterbrochen, in dem ich von einer Charakteristik der modernen

Kriegsursachen und der politischen Situation auf die muthmassliche Kürze der noch bevorstehenden Kriege der grossen Culturvölker den Uebergang nehmen wollte, um auch die Umstände in Rede zu bringen, welche die Genfer Convention zur Folge hatten, und dann daran ein historisches Essay über dieselbe zu knüpfen, ist eine Reihe von Wochen verstrichen und in dieser Zeit ist, als das Ergebniss Jahre langer mühevoller Forschung, das vortreffliche Werk von E. Gurlt: „Zur Geschichte der internationalen und freiwilligen Krankenpflege im Felde" erschienen und macht für unseren nächsten Zweck eigene Arbeiten derselben Art überflüssig.

Wem es an Zeit gebricht, das ganze Werk Gurlt's zu lesen, der lese doch jedenfalls den von ihm pag. 472—475 reproducirten Bericht Reil's vom 26. October 1813 an den Freiherrn von Stein über den Zustand der Verwundeten nach der grossen Leipziger Schlacht.

Diesen herzzerreissenden, in gewaltiger, plastischer Sprache erstatteten Bericht sollte man Jahr für Jahr in vielgelesenen Zeitschriften wieder abdrucken, um Alle einigermaassen ein Denkbild des alle Vorstellung spottenden Kriegsjammers gewinnen zu lassen. Derartiges vergisst das nachwachsende Geschlecht zu leicht und träumt allmälig wieder nur von Kriegsruhm und blutigem Lorbeer.

„Die Lage der verwundeten Krieger zu verbessern", war ursprünglich, d. h. 1863, die Aufgabe und Vollmacht des internationalen Comité's, welches im Laufe der Jahre als Genfer Convention so grosse Bedeutung erlangt hat. Wie jeder Kämpfer für seine Waffe, so hat von ältester Zeit ab jeder gute Feldherr für die Gesundheit und Schlagfertigkeit seiner Armee Sorge getragen und wenigstens Denen Sorgfalt zugewandt, die wieder gefechtstüchtig zu werden versprachen. Feldherrnsorge, nicht Menschenliebe leitete ziemlich alle Maassregeln dieser Art und wohl kein Feldherr wird den Auftrag ertheilt haben, aus reiner Nächstenliebe zu retten, was noch ein Atom Lebensfähigkeit besass, Krüppel zu erhalten, welche Kosten auch später dem Staate daraus erwuchsen, diesen hochgradig Verletzten sogar eine bevorzugende Aufmerksamkeit zuzuwenden.

Von der blossen Feldherrnsorge für den streitbar verbliebenen Theil der Armee war und ist die Genfer Convention frei. Ebenso ist sie nicht Ausgeburt scheinheiligen Pharisäerthums, das lüstern lauscht, wenn mit Anerkennung von seinen Plänen und Werken gesprochen wird, das aber die Anerkennung über die Werke setzt. Mit Fug und Recht charakterisirte am 27. April 1869 der Präsident Gustav Monier, der mit dem Ehrenpräsidenten General Dufour, Dr. Appia, Dr. Manuoir und dem eidgenössischen Oberst Edmund Favre als erste Mitglieder des internationalen Comité's fungirten und fungiren, dasselbe, nachdem er kurz vorher bescheidener Weise nur die Bedeutung eines Central-Correspondenz-Bureaus für dasselbe in Anspruch genommen, immerhin als das moralische und historische Band aller Central-Comité's, gewissermaassen den Hüter der heiligen Sache der Beschlüsse von 1863, die gemeinsame Charte, auf welcher in unverwischbaren Zügen die grossen Grundsätze allgemeiner Menschenliebe und weiser Voraussicht verzeichnet sind, die Wesen und Schönheit unseres Werkes ausmachen.

An dieser Stelle sei gleich darauf hingewiesen, dass die 15 Zusatzartikel vom 19. October 1868, welche die Convention vom 22. August 1864 intact lassen und in Nichts ändern, durch einen diplomatischen Act zwischen den Vertragsmächten Gesetzeskraft noch nicht erhalten haben.

Scheint es aber nicht auch fast, als solle den grossen Principien der ursprünglichen Genfer Convention schon entgegengewirkt, als solle ein Phantom eitler Schaulust an seine der reinsten Humanität geweihte Stelle gesetzt worden? Jedenfalls vernahmen wir aus Wien vom 6. October 1873 wieder Worte, welche eine solche Befürchtung nahe legen und die hier deshalb eingerückt sein mögen, weil sie sogar von einstweilen maassgeblicher Seite gesprochen waren. „Die Genfer Convention", berichtete Dr. Wittelsbufer, „berechtigte längere Zeit die Humanisten zu Hoffnungen, die sich nicht erfüllten. Heute kann die Genfer Convention, wie edel sie auch ursprünglich gedacht wurde, als nicht lebensfähig betrachtet werden. Die Erfahrung hat ja gelehrt, dass die entfesselten Leidenschaften im Getümmel der Schlachten keine Neutralität achten und das rothe Kreuz im weissen Felde nicht schonen."

An die Stelle der Genfer Convention sollen also auch weiterhin coquette Schaustellungen mit den Velleitäten wissenschaftlicher Verwerthung des ausgestellten Materials treten und erprobte Männer sollen die Richtschnur für die zukünftige Arbeit angeben. Daraus soll sich eine allgemeine Volkslehre bilden, die nachhaltig wirken und von Generation zu Generation sich fortentwickeln wird. „Und wenn", schliesst der emphatische Redner, „einst wieder die Kriegsfackel in die Mitte der friedfertigen Nationen geschleudert werden sollte, dann wird sich das ganze Volk erheben, und wenn die eine Hälfte gezwungen ist, Wunden zu schlagen und Elend zu verbreiten, so wird die andere Hälfte bemüht sein, die Wunden zu heilen und das Elend zu mildern."

Wenn dieser „Wunsch im Herzen" nur nicht so verzweifelt phrasenhaft klänge, mehr als Alles, was die wackeren Schweizer ausgesprochen und patronisirt haben! Nein! Wir dürfen von der Basis der Genfer Convention nicht abgehen. „Im Getümmel der Schlachten" sollen „die Leidenschaften entfesselt sein und Elend verbreitet werden", ist die traurige Aufgabe der Schlachter. Aber wenn durch kluge und umfassende Kriegsbereitschaft und weise Politik die Kriege fernerhin an Dauer verlieren, was sie an Massenhaftigkeit der Kriegsmittel gewinnen, so wird die Disciplin, die Tugend des Soldaten, nicht sofort Schiffbruch leiden und er bleibt dem Zwange unterthan, die Neutralität zu achten und das rothe Kreuz im weissen Felde zu schonen, d. h. nach der Schlacht vor den Genfer Humanitätsgesetzen sich zu beugen.

IV.

Eduard Reich an Carl Hermann Schauenburg.

Nur auf zweierlei Art könnte der Krieg sicher und gewiss vermieden, verhütet werden. Entweder man setzte an die Spitze der Staaten allmächtige, wohlwollende, nur von der höchsten Vernunft und Liebe erfüllte, leidenschaftslose Patriarchen, denen die Selbstsucht gänzlich unbekannt wäre; oder man erzöge die Menschen so vortrefflich und genial, so zu Selbstlosigkeit, Nächstenliebe und Erkenntniss, so antipodisch dem Tautum-Quantum, so zu naturgemässen Ehr- und Sittlichkeitsbegriffen, dass an Uebelwollen nicht gedacht, die Vernichtung des Nächsten nicht geträumt werden könnte. Das Erstere liesse vielleicht noch eher sich ermöglichen, als das Letztere; denn es ist leichter, Einzelne zu vervollkommnen, als ganze grosse Völker schädlichen Ueberlieferungen zu entrücken und durchaus zu höheren Wesen zu machen.

Mit dieser Einleitung beginne ich heute meinen Brief an Sie, geehrtester Freund, um das Verhältniss der Perser und Hispano-Amerikaner zu den Ideen und Strebungen von Genf einiger Maassen zu prüfen.

Denken wir uns als Oberhaupt der Perser oder Halbindianer einen Patriarchen der oben bezeichneten Art; es wäre dieser Edle nur dann im Stande, die Ideen von Genf zu verwirklichen, wenn er bei allem Wohlwollen seine Unterthanen mit eiserner Kraft beherrschte und deren Bewegung auf dem Geleise der Humanität mit aller Gewalt zu erzwingen vermöchte. So lange der Bärenführer dem Bären und der Löwenbändiger dem Löwen seine Uebermacht beweist und geltend macht, so lange zeigt der eine wie der andere dieser wilden Cameraden sich civilisirt. Ein solcher Despot kann, wenn entsprechend unterstützt und ermuthigt, mit der Zeit auch europäisch gekleidete, Theater besuchende, mit Ordensbändern behangene Halb- oder Ganzwilde bändigen, und es erwirken, dass in den Köpfen seiner Unterthanen andere Begriffe als „Auge um Auge", „Zahn um Zahn" dämmern; er kann sein Volk allmälig emporheben, vergeistigen, versittlichen.

Sollen wir aber so lange warten, bis solche Völker von ihren Patriarchen auf die Stufe fühlender Menschheit gehoben sind; oder sollen wir vielmehr mit Einflössung der Ideen von Genf in die Herzen der Führer die Geführten heben und veredeln helfen? Wir müssen das Letztere erstreben. Darum können wir uns nur vom ganzen Herzen freuen, dass Staaten wie Persien und Columbien in den humanen Bund von Genf traten; denn vermittelst dieser Verbindung flössen wir edlere Gefühle und reinere Gedanken in die hervorragenden Persönlichkeiten jener Länder und bewirken damit, dass auch dort im fernen Osten und Westen der ungeheure Widerspruch des Krieges mit den wahren Interessen und mit dem eigentlichen Wesen der Civilisation deutlich zum Bewusstsein kommt, und dass die Beherrscher solcher Völker allmälig dem Ideale sich nähern, welchem wir vorhin Ausdruck zu geben suchten.

Die Ideen von Genf sind also ein in Wahrheit humanisirendes, erziehendes Mittel, welches, wenn es zu voller Wirksamkeit gelangen soll, in den Herzen der Führer, und in unserem Falle der Despoten, Platz gegriffen haben muss. Werden nun diese Ideen unter dem Einflusse eiserner Gewalt der Höchsten im ersten Kriege durchgeführt, so lernt das Volk hinter dem Rocke des Feindes, des Parteimannes, den Menschen achten und den Bruder bemitleiden, und bekommt einen so mächtigen Anstoss in der Richtung des Friedens, dass es schliesslich in dem Kriege Gräuel sieht und den Frieden aufrichtig zu lieben anfängt.

Auf diesem Standpunkte aber muss ein Volk angelangt sein, wenn es wahrer Gesittung fahig und auch theilhaftig werden, wenn es ohne die eiserne Gewalt eines wohlwollenden Despoten normal sich entwickeln soll.

Aus diesen wenigen Worten geht die hohe Bedeutung der Ideen von Genf als eines Mittels der Vermenschlichung, zuerst der Führer und durch diese der Geführten, im fernen Osten und Westen deutlich hervor.

Die Beendigung der schauderhaften Zustände in Asien und Amerika, und auch anderswo, ist zuletzt nur dem Einflusse der Erkenntniss und Nächstenliebe möglich; denn so lange Geist und Gemüth in den schweren Sklavenketten der Unwissenheit, Lieblosigkeit und Leidenschaft schmachten, so lange an Mord und Todtschlag als ultimo ratio appellirt wird, so lange walten jene schauderhaften Zustände, die mit Widerwillen, Ekel und Abscheu uns erfüllen.

Blosses Predigen der Nächstenliebe hat nur geringen Erfolg; wir müssen die Barmherzigkeit und Liebe bethätigen, im Stillen und öffentlich das gute Beispiel geben, welches die, so einen guten Kern haben, zu Bewunderung, Begeisterung und Nachahmung hinreisst, und die verstockten Bösewichter und faden Spötter beschämt, erbleichen und verstummen macht.

Sollte dies nicht zunächst und intensiv durch die Ideen von Genf auf dem Schlachtfelde sich vollziehen; sollte hier die erhebende Sprache des Herzens nicht die Donnerstimme der Kanonen übertönen, nicht den Brand der Leidenschaft verlöschen, nicht des

Halbbarbaren Gemüth mit der Ahnung eines höheren und würdigeren Daseins erfüllen?

Es sind Philosophen aufgetreten, welche den Krieg lobpriesen und verherrlichten. Der sonst so sehr für das Wohl der Menschen begeisterte Proudhon sagt in seinem Buche über den Krieg und den Frieden unter Anderem: „Der Krieg ist die tiefste und feinste Erscheinung unseres sittlichen Lebens. Keine andere lässt ihm sich vergleichen: weder die imposanten Feierlichkeiten des Cultus, noch die Acte der Herrschergewalt, noch die riesenhaften Schöpfungen des Gewerbefleisses. Der Krieg ist es, der in den Harmonien der Natur und Humanität die mächtigste Note ausmacht: er wirkt auf die Seele wie der Schlag des Donners, wie die Stimme des Orkans. Eine Mischung von Geist und Kühnheit, von Poesie und Leidenschaft, von höchster Gerechtigkeit und tragischem Heroismus, . . . macht seine Majestät uns erstaunen, und je mehr wir vermittelst der Reflexion ihn betrachten, desto mehr geräth für ihn das Herz in Enthusiasmus. Der Krieg, in welchem eine falsche Philosophie und eine noch falschere Menschenfreundlichkeit nur ein entsetzliches Uebel uns zeigen, einen Ausbruch unserer angeborenen Bosheit und die Entäussserung himmlischen Zornes: der Krieg ist der unverderblichste Ausdruck unseres Gewissens, ein Act, welcher bestimmt und, ungeachtet des ihm sich beimischenden unreinen Einflusses, hoch uns ehrt vor der Schöpfung und vor der Ewigkeit."
— So Proudhon.

Wie verhält sich zu dieser Manifestation des Fieberdeliriums der Gedanke von Genf, wie Persien und Südamerika?

Genf denkt höchst wahrscheinlich, der gute Philosoph, dessen Worte wir soeben anführten, habe niemals einen Krieg mit angesehen, niemals dessen Gräuel und Verwüstung geschaut, sondern nur durch Theater und Lectüre eine exaltirte Vorstellung davon sich gebildet. Genf ist höchst wahrscheinlich der Meinung, die Welt werde durch das Gecknacke dummer Philosophaster theils irre geleitet, theils in der alten Grausamkeit und Herzenshärte bestärkt, und den humanen Ideen und Gefühlen entfremdet, deren Pflege nach gewisser Richtung hin gerade von der alten Feste der Reformation den Ausgang nimmt. Genf muss gegen Kriegs-Philosöphler fast ungefähr so polemisiren: Der Krieg ist die schmachvollste, gröbste und niederträchtigste Erscheinung unseres unsittlichen Lebens, welche aller Vernunft und Nächstenliebe den Weg versperrt und, ungehemmt, die Menschen zu der ursprünglichen Wildheit zurückführt. Der Krieg macht in den Disharmonien der Unnatur und Barbarei die schauderhafteste Note aus, welche nicht allein den Leib erschüttert, sondern auch die Seele tödtet. Eine Mischung von Gewaltthätigkeit und maassloser Frechheit, von schauderhafter Prosa und thierischer Reiss- und Beisswuth, von höchster Ungerechtigkeit und tragischem Heroismus, der einer besseren Sache würdig wäre, macht des Krieges Scheusal uns erstaunen und voll Empörung abwenden, und je mehr wir mittelst der Reflexion den Krieg betrachten, desto mehr zieht das Herz krampfhaft sich zusammen und wir weinen über die Menschen, wie der Grösste der Ebräer einst über Jerusalem weinte. Der Krieg, in welchem eine wahre Philosophie und eine noch wahrere Menschenfreundlichkeit ein sehr entsetzliches Uebel uns zeigen, einen Ausbruch unserer angeborenen Bosheit und die Manifestation jenes Zornes, in dem der Mensch sich selbst glühende Eisenstäbe durch den Körper stösst, sich selbst peinigt, lästert und verhöhnt: der Krieg ist die unabänderliche Entäusserung unserer Gewissenlosigkeit, ein Act, der uns, die wir so frech sind, die Worte Humanität und Nächstenliebe in den Mund zu nehmen, brandmarkt vor der Zeit und vor der Ewigkeit. — Darum, muss Genf schliessen, wollen wir selbst die Perser und

Halbindianer für unsere grosse Sache entflammen und soweit es bringen, dass selbst diese Völker der grössten Geissel des Menschengeschlechtes sich entledigen und — vielleicht uns Europäern, die wir immer auf unsere hohe Gesittung so viel uns einbilden, noch mit gutem Beispiele vorangehen.

Persien und Südamerika verhält zu den kriegslustigen Aeusserungen der Philosophaster sich noch gar nicht. Aber, wenn einmal geistig und sittlich erwacht, werden dieser Länder Bewohner aus der Tiefe der Brust den Ruf erschallen lassen: Es lebe Genf; es lebe hoch!

Mit den grausamen, blutgierigen Spaniern, die immer noch an Stiergefechten sich ergötzen, wird Genf seine grossen, vielleicht gar unüberwindlich scheinenden Schwierigkeiten haben; denn dieses Volk ist so particularistisch, so erbgesessen in allen Hemmnissen moralischer Gesittung und fortschreitender Intelligenz, so büffelstark in halbtausendjährigen Vorurtheilen, so hartnäckig in einem verknöcherten Stolze, dass man ihm gar nicht beikommen kann und, wollte man die Geduld verlieren, ausrufen müsste: hol' dich der Teufel!

Also, wie sollen die Ideen von Genf im Lande der Kastanien assimilirt werden? Diese Frage liesse schon leichter sich beantworten, wenn man nur wüsste, wer dort Koch oder Kellner ist, und was die Caballeros eigentlich wollen. Da vier Spanier zweiunddreissig verschiedene Meinungen haben und vierundsechszig verschiedenen Parteien angehören, auf der Rosinante eines falschen Systemes von Ehre reiten, und so von Stolz infiltrirt sind, dass sie der Stimme von Genf gar kein Gehör schenken, so kann ich wirklich gar nicht mir vorstellen, wie diese Nation etwas lernen soll, fortschreiten soll in moralischer Civilisation, den alten fanatischen Adam ausziehen und ein neues Leben beginnen soll! Vielleicht müssen die Nordamerikaner erst tüchtig über den Atlantischen

Ocean herüber donnern, ehe Genf darauf rechnen kann, zu Madrid in Audienz empfangen zu werden.

O Mauren; wenn ihr noch herrschtet über die blühenden Gärten und wunderbaren Städte Iberiens; wenn euerer Gesittung Sonne noch leuchtete über Castilien und Arragonien, Valencia und Malaga; — dann wäre Genf in euerer Mitte und vielleicht von euch selbst ausgegangen!

Sie sprechen von der Soldaten-Ehre, sehr schätzbarer Freund. Diesem Worte liegt etwas ganz Vernünftiges zu Grunde; aber nur etwas, nicht viel. Der Baum ist nicht gerade emporgewachsen, sondern hat sich gekrümmt, ist an verschiedenen Stellen knotig geworden, so dass man auf ungesunden Boden und ungünstiges Klima des Standortes schliessen darf, auf Verhältnisse, die den Lichtstrahlen der Weltweisheit und Nächstenliebe, welche alles Scharfe mildern, alles Ungesunde verbessern, alles Ungeheuerliche auf naturgemässe Ausdehnung zurückführen, durchaus keinen Zutritt gestatten. — Soldaten-Ehre und Genf können möglicher Weise eine Strecke neben einander gehen, aber niemals mit einander einen ewigen Bund der Freundschaft schliessen.

Die Soldaten-Ehre bedient sich der Intelligenz, wie heutzutage Alles der Intelligenz sich bedient, um sein Dasein zu rechtfertigen, sicher zu stellen, und anderer Wesen Dasein mit dem Schwamme des Egoismus auszulöschen; ja, sie geht noch weiter und legt auf die Sympathie Beschlag, mit dem Bestreben, das Mitgefühl ganz sich zuzueignen. Damit aber gestattet sie Genf, in ihren eigenen Leib eine Brücke aus Felsen zu bauen und diesen eigenen Organismus ganz und gar Genf zu opfern. So fängt sie sich in Schlingen und überliefert sich jenem Feuer, welches das Morsche und Faule verzehrt und das Gesunde zurück lässt: dem Feuer der Reinigung, der Läuterung. —

Es sind sehr ausgezeichnete Werke über freiwillige Krankenpflege, Genfer Convention etc. geschrieben worden. Glauben Sie mir, hochgeehrter Freund, dass ich über die in diesen vortrefflichen Schriften niedergelegten Einzelnheiten zum Theile sehr mich freue, weil sie Zeugenschaft davon geben, dass der Mensch, nachdem er mit Wissenschaft sich über sich selbst erbost, sich selbst in den Wanst gestochen und Blei in die Beine sich geschossen, nunmehr ehrlich sich bemüht, alle diese Wunden mit Wissenschaft und Gewissenhaftigkeit zu heilen, und Alles aufbietet, Störungen von dem Heilungsprocesse abzuwenden.

Die Lectüre dieser Schriften, für den Militärarzt sehr nützlich, für die Hygieine des Krieges [betrübend, dass es nicht blos eine Hygieine des Friedens giebt] sehr lehrreich, giebt für eine Thatsache Zeugniss: nämlich, dass wirklich im öffentlichen Leben der Soldat herrscht [im privaten Leben herrscht der Kaufmann], und dass dieser Herrschaft Alles sich unterordnet, dass fast alle Intelligenz nach soldatischem Range strebt und sich bemüht, dem Säbel dienstbar zu sein. Die Aerzte, eigentlich dazu berufen, Unheil zu beseitigen und zu verhüten zerbrechen sich die Köpfe über die Art und Weise, militärischen Rang und Gleichstellung mit den Anführern der Menschenverwunder, Menschenerstecher und Menschenerschiesser, zu erlangen. Nur ein Land Europa's hat eingesehen, dass der bunte Rock nicht das Kleid der Priester Aeskulaps und der Hygieia sei: Hessen-Darmstadt; hier waren die Militärärzte bis zur Gründung des Norddeutschen Bundes ohne Uniform, gingen ohne Hieb-, Stich- und Schusswaffen, und konnten was immer für eine Jacke anziehen und jeden beliebigen Schabbesdeckel aufsetzen; nur Stiefel mussten sie tragen, — ein Kleidungsstück, dessen die militärärztlichen Personen der süd- und mittelamerikanischen Republiken nicht gerade häufig sich bedienen sollen.

Die Aerzte beten nicht allzu selten den Kriegsgott an, theils diesen allein, theils in Verbindung mit dem Mammon; darum ereifern sie sich auch so sehr für die Erwerbung einer Sprosse in der Leiter der militärischen Hierarchie und ärgern sich, wenn die Combattanten ihnen vorangehen. Dieses letztere wird wohl niemals anders werden; denn im Militär ist und bleibt der Arzt immer eine Person zweiten Ranges, weil der Soldatenstand im Fechten, Kämpfen und Raufen seine Bestimmung sieht und nicht im Heilen, Verhüten und Bewahren. Der Arzt ist also dem Feldherrn immer nur eine Hülfsperson, ein fünftes, ein Hülfsrad am Wagen, ein Mittel zu Erhaltung und Wiederherstellung zeitweilig unbrauchbar gewordener Einhauer.

Nur ein Umstand bietet sich den Aerzten als Handhabe zu Erlangung grossen Ansehens in den Heeren der Culturstaaten, ohne dass jene es nöthig haben, als Bewerber um Degengehänge, Achselstücke und Sterne, Offizierskameradschaft etc., sich zu offenbaren: die Ideen von Genf, welche den Arzt zum Priester machen, den höchsten Rang ihm verleihen und das edelste Monument ihm setzen. An diese möge er sich schliessen mit aller Kraft des Herzens; diese möge er überführen in sein Fleisch und Blut in sein Fühlen und Denken; sie werden ihn gross und der Aeusserlichkeiten der militärischen Prahlerei gar nicht bedürftig machen.

Ich hasse das System der Conscription, denn Jeder wird da Soldat, lernt die Wissenschaft und Praxis des Blutvergiessens, lernt Alles aus dem Gesichtspunkte der Nützlichkeit betrachten, sieht immer Gewalt vor Recht, den kalten Verstand vor dem warmen Gemüthe gehen, und wird in einem Circus dressirt, der überall hin gehört, nur nicht zu dem Tempel der moralischen Gesittung.

Wenn der Geist des Militarismus, wie er durch die Conscription genährt und gepflegt wird, die bürgerliche Gesellschaft erfüllt, dann findet der Geist der Menschenfreundlichkeit und Barmherzigkeit keine rechte Stätte, keinen Raum für die bescheidenste Entwickelung und spielt zuletzt in dem grossen Theater der Kanonaden und Cavalcaden eine sehr traurige Rolle, wird verlacht, verachtet, verhöhnt.

Warum schafft ihr nicht Alles, was Religion heisst, ohne Weiteres ab, wenn ihr nebenbei die Wissenschaft und Praxis der Todtschlägerei euerer Brüder treibt, wenn ihr einen Jeden zwingt, diese Wissenschaft und Praxis zu erlernen, lieb zu gewinnen, dafür begeistert zu sein, und sie auszuüben?

Religion und Conscription verhöhnen sich gegenseitig, und müssen bei wirklich civilisirten Menschen absolut einander ausschliessen. Nur bei civilisirten Barbaren vertragen sich solche Gegensätze.

„Lebet wohl und zürnet nicht", sagt der Schweizer.

V.

Carl Hermann Schauenburg an Eduard Reich.

Begeistern wir uns immerhin für Ideale, für Zukunftsideale, es erhebt uns das wenigstens auf Zeit kurzer Momente über die Empfindung der kläglichen Bedingungen, unter denen in unserem vorgeschrittenen Jahrhundert selbst die Culturvölker noch leben. Aber kehren wir dann, vorzüglich, wenn wir uns, unseren Freunden und unseren bitterbösen Gegnern diese Episteln schreiben, aus den rosigen Utopien in die triviale Wirklichkeit zurück.

Krieg wird es immer geben, rufen die Leichtresignirten, und ich füge hinzu, sicher so lange, als man sich aus feiger Courtoisie vor der Erkenntniss verschliesst, dass Krieg und Duelle ebenmässig auf Barbarei und Blödsinn beruhen. Der Himmel behüte mich, nur entfernt sagen zu wollen, ich hielte den für einen blödsinnigen Barbaren, der ein Duell annimmt oder gar ohne Kampf von Gegnern, wie 1870 die Franzosen waren, sich das Fell über die Ohren ziehen lassen wollte. Ich habe vor Freude geweint,*) als mein greiser König von Ems abreiste, um seine Getreuen gegen die frechen**) Mitrailleusen und Chassepot's zu führen.

---

*) Ich habe vor Schmerz geweint, als ich die erste Kunde von diesem schauderhaften Kriege bekam, und die Wunden Frankreich's haben mein Herz bluten gemacht. E. R.
**) Alle Mörderei ist frech oder hinterlistig. E. R.

Wie die politische Lage Europa's ist, werden seine friedlichsten Völker, und zu diesen zähle ich uns Deutsche [!], einstweilen in steter Kriegsbereitschaft verharren müssen [!]. Wir dürfen uns auf die momentan günstige Bundesgenossenschaft mit Italien, Oesterreich, England, Russland nicht verlassen. In der That kann ein verschüttetes „Glas Wasser" oder eine ähnliche Bagatelle in jedem Momente die Kriegsfackel wieder in die Länder schleudern. Gambetta, der französischste Franzose, würde es thun, wenn er $7/_{12}$ Chancen des Gewinnes für sich hätte, aber er hat nicht $1/_{12}$. Und Chambord weiss auch, dass er sich nur durch einen Sieg auf dem Lilienthrone befestigen könnte, dass dieser Sieg aber nicht sicher wäre, und wenn alle Pfaffen der Welt Tag und Nacht für seinen Sieg beteten und fluchten. Die Priester wenden sich aber schon alle von ihm ab, der feige genug hat erkennen lassen, dass er erst nach weiteren decimirenden Niederlagen Frankreichs, wenn es seiner Ohnmacht halber leichter zu beherrschen sein wird, den Fuss nach dem Throne wieder erheben, die Hand nach dem Lilienscepter ausstrecken will. Kurz, er wartet darauf, dass wir Deutsche ihm sein kleines, friedliches Frankreich zurechtmachen, und auf diese neue Kriegsarbeit müssen wir gefasst bleiben.

Damit dieser vernichtende Krieg gegen Frankreich und die Pfaffenbrut mit schnellsicherem Erfolge geführt werde, muss jeder Deutsche, ich sage: j e d e r als Soldat ausgebildet werden, um am Heerzuge sich ernstlich zu betheiligen.*)

Ueber Einreihung von Gesundheits- (Sanitäts-) Beamten in unsere städtischen und staatlichen Organismen will ich zunächst mich auslassen. Diese Beamten fungiren selbstständig und mit den

---

*) Sollte man dergleichen Ausbrüche bei einem Manne für möglich halten, dessen zweites Wort Humanität ist und Ideal! Solche verpestete Gedanken von Menschenfresserei! Warum sollen denn die Völker einander hassen und bekriegen? Wann wird denn diese Barbarei aufhören? **E. R.**

ausgedehntesten Vollmachten, zur Seite der Magistrate resp. Kreisbeamten, der Regierungscollegien und Ministerien, resp. sie stehen in stufenweiser Subordination und ressortiren von einem eigenen Reichs-Ministerium, in das mancherlei Branchen, die bisher ihre Ziele wechselten, wie das Veterinärwesen, ausgehen. Diese Beamten haben in unbegrenzter Weise für die Gesundheit und die Gesunderhaltung von Land und Leuten zu sorgen und zu arbeiten, d. h. wirklich zu arbeiten, nicht Scheinaufgaben zu lösen, wie die jetzigen Kreiswundärzte, die dazu da sind, „die Wunden des Kreises zu verbinden", und thatsächlich für 200 Thlr. Nichts thun, als über den Empfang von 200 Thalern Quittung ausstellen.

Um eine Specification der umfangreichen Aufgaben dieser Reichsgesundheitsbeamten bitte ich wohl am Besten Sie, sehr geehrter Freund, der Sie unter den Autoren und Autoritäten für öffentliche Hygieine seit Jahren einen der ersten Sitze einnehmen und unsere betreffende Literatur durch eine grössere Reihe bahnbrechender und wahrhaft classischer Werke bereichert haben.

Mir erlauben Sie gütigst, vorab schon darauf hinzuweisen, dass diese Jünger Hippokrats, der über Land, Luft und Wasser als wesentliche Gesundheitsrequisite schon so klar sich aussprach, nicht blos dieses hygieinische Gebiet cultiviren, sondern schon gewissermaassen Militärärzte, militärische Aushebungsbeamte im Frieden sein und mit der Sorge beauftragt werden sollen, dass wo möglich alle in die Stammrollen eingetragenen Knaben mit dem 20. Lebensjahre auch militärtüchtig seien. Der § 21 der Instruction für Militärärzte vom 9. December 1858 mit seiner in 100 Nummern abgefassten Charakteristik derjenigen „Krankheiten, Fehler und Gebrechen, welche die Militär-Dienstuntauglichkeit für immer begründen", ist eingestandener Maassen eines der schwächlichsten Machwerke büreaukratischer Detailregierung und hat nur durch sehr vorsichtige Zugrundelegung bei den resp. Aushebungen und Zurückstellungen bisher noch Lebenskraft behalten können. Dieses pathologische System mit topographischer Anordnung, über dessen höchst seltsamliche Besonderheiten wir uns die Kritik für heute ersparen wollen, fällt sofort und an seine Stelle treten nicht blos scharf individualisirende Gutachten, sondern eingehende Berichte, weshalb das betreffende Individuum trotz sorgfältig überwachter häuslicher Gesundheitspflege von der Confirmationszeit ab in militärtüchtigen Zustand nicht habe versetzt werden können. Der Gesundheitsbeamte kennt nämlich aus Haus und Schule schon alle kräftigen Recruten, er tritt ereut. den behandelnden Aerzten consultirend zur Seite und überwacht die Jünglinge vom 15.—20. Lebensjahre wie ein Vater und Freund, überall und immer die grossen physiologisch-hygieinischen Grundsätze zur Verwirklichung zu bringen behülflich. Er überwacht die Arbeit und leitet das Vergnügen, er steht mit an der Spitze der Commissionen für Turnen, Feuerwehr, Waffenübung etc. und kann ohne Gefahr des Irrens schon Jahre vorher andeuten, ob und für welche Waffengattung resp. Armee-Abtheilung die Einzelnen sich vorzugsweise eignen werden. Bei solchem Verfahren wird vielleicht ein doppelt grosses Contingent der militärischen d. h. der kräftigen Mannesausbildung-sichergestellt.

Und uneigennütziger Vater und Freund soll der Gesundheitsbeamte der heranwachsenden Jugend beiderlei Geschlechtes sein und bleiben. Nach allen Richtungen für ihr leibliches und — seelisches Wohl sei die Sorge sein. Denn nur aus der Physiologie erspriesst die wahre Religion, die Religion, die Nichts wie ideale Anthropologie lehrt und neben welcher den einzelnen dogmatischen Familien-, Stammes- und Volkstraditionen ihre historische Berechtigung nicht engherzig geschmälert zu werden braucht.

Weiter ist der Gesundheitsbeamte der Vorsteher der Lazarethe, der Kreisbeamte des Kreislazareths, der städtische Sanitätsrath, Vorstand der städtischen Lazarethe und in Zeiten der Noth, wenn die apokalyptischen Reiter die Lande durchjagen, durch Krieg, Hungersnoth und Pestilenz ihre Opfer hinzuraffen massenweise, da fordert sein erhabenes Amt die Pflichterfüllung eines Carlo Borromeo von ihm. Was transportabel ist an Gefährdeten, das ladet er ein in seine Hallen des Heiles; die nicht transportabel sind, denen ist er mit seinen Getreuen nahe und wölbt seine Hallen des Heiles, die kein Reichthum reich genug ist, sie mit allem Zubehör der raffinirtesten Wissenschaften auszustatten, über ihren durch Wunden der Krankheit dahingeworfenen Leibern. Die Apostel der Genfer Convention, allenfalls für alle Vertragsnationen mit gleichen Uniformen und nur geringen differenzirenden Emblemen ausgezeichnet, folgen den modernen Schlachtheeren, wie früher und bis vor ganz kurzer Zeit die Raben und die Schlachtfeldvampyre. Das rothe Kreuz im weissen Felde soll sofort überall flaggen, wo Augenblicks vorher die Banner und Standarten der Sturmcolonnen über den dröhnenden und blutig gefärbten Erdboden dahingetragen wurden. Ganz unmittelbar an die Arbeit des Würgens soll sich die Arbeit des Wiedergutmachens schliessen, damit diese entsetzliche Zeit des Wartens von Stunden, von Tagen und Nächten auf Hülfe durch die Genfer Heilscolonnen auf ein Minimum reducirt werde.

Und die „nützlichen Berufsoffiziere"? Sie sind, wie es ihr Beruf vorschreibt, bei den Combattanten, sortiren und geleiten die Blessirten auf die Stationen von Genf, sie tragen nach dem Maass ihrer Pflicht zum Triumph der Menschlichkeit bei und nach dem Kriege tragen sie die Sterne und Bänder auf der Vorderfläche ihrer linken Thoraxfläche. —

Es ist keine Frage, dass man an mancher maassgeblichen Stelle von den Stipulationen und Intentionen der Genfer Convention unangenehm berührt wird, weil man sich der Erkenntniss nicht verschliessen kann, dass die Convention nicht ärztliche Berufsoffiziere, sondern ärztlich gebildete Menschenfreunde voraussetzt und a priori dem Alles überwuchernden und de facto nur sich als Maass aller Dinge aufstellenden Militärismus abhold ist. Ich weiss nicht, ob — abgesehen von der jesuitischen ecclesia militans — auch bereits Priester ihres Priesteramtes überdrüssig sind, sobald dasselbe sie in das Feld ruft, und lieber als priesterliche Berufsoffiziere sich einrangiren. Die einfachste Consequenz führt dahin, den Pillendreher, den Mehlwurm und wie alle die Correlate combattirender Corps jetzt noch heissen, ebenfalls als specifische Berufsoffiziere und in allen „soldatischen Ehren" gleichberechtigte Kameraden anzuerkennen. Es muss dem Offizier von reinem Wasser und zumal dem von reinem Adel vor solcher Complication schaudern und grauen. Er muss es ahnen und aussprechen, dass sich bei so weitgegriffener Cameraderie nicht mehr mit dem bisherigen privilegirenden Behagen im Felde der Ehre Menschenblut und im Offiziercasino Rebenblut verspritzen lässt. Und doch drängt in den militärischen und militärärztlichen Kreisen fast Jeder dahin, die Aerzte nur nebenbei Aerzte, der Hauptsache nach aber Offiziere sein zu lassen.

Das ist jedenfalls falsch, oder die Offiziere müssten aufhören wollen, in dem bisherigen Sinne Offiziere zu sein.

Man phantasirt da neuerdings viel, von Achill's Lanze,

Wunden zu reissen geschickt und geschickt auch, Wunden zu heilen,

aber das ist eben eitle und sogar unverständige Phantasterei und widerspricht gänzlich der principiellen Idee des „männermordenden Kämpfers." Man weist dann auf Machaon und Podalirius hin, aber wenn beide Helden auch, vielleicht auf der Frau Mutter ängstlichen Rath, Mancherlei von den Heilkünsten des Herrn Vaters zu praktisiren geübt, beim Auszuge vielleicht auch mit des Vaters hinterlassenen Instrumenten und einigen neuangefertigten Verbandstücken ausgerüstet waren: es ist doch kaum anders möglich, als anzunehmen, dass beide als ehrliche Feldsoldaten im Gedränge der Schlacht nur ihrer soldatischen Pflicht sich bewusst und nachher todtmüde und viel zu erschöpft waren, um nun Feldchirurgen zu spielen. Wenn die damals in besserem Sinne als bei uns üblichen Duellgefechte eine Ausnahme machten und ihre Hülfe event. forderten, so waren sie durch solche Dienste doch nur gelegentliche Paukärzte, nicht Feldärzte, die gleich durch umfassende Massregeln der Ausbreitung der Pest entgegenzuwirken hatten. Diese Aufgabe fiel schon damals den Priestern zu, die nicht zu den Combattanten zählten, und eine solche, freilich nach unserer modernen Auffassung und den thatsächlichen Bedürfnissen und Errungenschaften modificirte Priesterkaste thut auch heutzutage wieder noth, wenn nicht statt der, dann doch neben den ärztlichen Berufsoffizieren.

Denn dass zugleich ärztlich gebildete Administrativbeamte bei dem Armeecorps in Dienst gestellt werden müssen, will ich keineswegs in Abrede stellen. Sie sollen nur nicht die Feldärzte sein und sie sind in der That — mit leicht zu zählenden Ausnahmen — um so schlechtere Aerzte, je bessere Offiziere und Beamte sie sind. Für diese Specialität ist auch die Anordnung mit vorzüglichem Glücke vorgesehen, dergemäss sie zunächst ein halbes Jahr mit der Waffe ausgebildet werden müssen. Da lernen sie den Dienst, für den sie bestimmt sind. Sie lernen gehorchen um später commandiren zu können. Und wenn selbst geklagt würde:

> Er knurrt und zweifelt, legt sich auf den Bauch,
> Er wedelt —,

und die Concession folgte:

> Du hast wohl Recht, ich finde nicht die Spur
> Von einem Geiste, und Alles ist Dressur,

so können solcherlei scheinbar injuriöse Incriminationen doch nicht viel Schaden anrichten, zumal, wenn man die Dichterworte modern emendirte:

> Du hast wohl Recht, ich acht' und schätze ihn,
> Er folgt den Weisungen der Disciplin!

Sollte Herr Dr. Schmidt-Ernsthausen mit dieser freien Emendation unzufrieden sein, so sei er erinnert, dass er sich in seinen Studien über das Feld-Sanitätswesen pag. 54, 55 etc. dieselbe Freiheit und sogar gegen Instructionsgesetze erlaubt als Requisit für Obermilitär-Aerzte wiederholt das Wort „Geist" interpolirt hat, wo amtlich nur von Führung, Dienstapplication, Character, Gesinnung und dem Grade der erworbenen Dienstkenntniss die Rede ist. Es wird eben Disciplin, nicht Geist als Massstab für Würdigkeit vorgeschrieben, dereinst die Stellung militärischer Vorgesetzten im Sanitätsdienste bekleiden zu können, und es mag Amtsgeheimniss bleiben, was unter dem vieldeutigen Worte Gesinnung verstanden werden soll, was nicht. Ich bin und war immer der Meinung, dass wahrhaft humane Gesinnung und vollständig wissenschaftliche Ausbildung allein und vollauf genügten, um die schweren ärztlichen Berufspflichten im Felde und im Frieden zu erfüllen. Die angesehensten Aerzte aller Zeiten und Völker waren derselben Ansicht, sei es dass sie es zugleich in Worten aussprachen oder nur in einem thatenreichen Leben und Wirken es bekundeten. Sie wären sonst auch schwerlich die angesehensten Aerzte gewesen. Und doch waren sie im Irrthume. Herr Schmidt belehrt uns eines Bessern und giebt an der Stelle von Humanität und Wissenschaft andere Ausgangspunkte für Hippokratisches Streben und Hippokratische Ehre. Er muss es wissen und muss Aussicht haben, dass seine Worte nicht im Winde verwehen oder wie Saat auf steinigten Boden fallen. Den gemeinsamen Boden aller Kriegswissenschaften bildet die Kriegsakademie. In ihren Organismus wird eine Sanitätslehrabtheilung eingeschaltet, in welche die Neophyten nach den für die Offiziere überhaupt bestehenden Vorschriften commandirt werden. „So in unmittelbare geistige Verbindung mit den Aufgaben und Fragen des potenzirtsten militärwissenschaftlichen Lebens gesetzt, welches hier seine Stätte findet, — in zugleich wissenschaftlichen und militärischen Zusammenhang mit den lehrenden und lernenden Elementen des übrigen Offiziercorps gestellt und mit diesen unter gleichen Verhältnissen, Verpflichtungen und Gesetzen lebend, würde sich dem jungen Sanitätsoffizier hier zugleich mit einer höheren Auffassung der Aufgaben seines Berufes in der Armee auch am ehesten der wahre militärische Geist einhauchen lassen, der ihn erst zu dem machen kann, was er werden soll, zum — „ärztlichen Berufsoffizier". (Cfr. pag. 55).

Der alte Hippokrates von Cos würde sich in seinem Aschenkruge empören, vernähme er diese Litaneien und Ordensregeln seines abtrünnigen Jüngers Schmidt von Gotha, der nun das Generalarztpatent sogar über das Jurament hinwegdecretirt. Man ist in Zukunft nebenbei ärztlich, wie man jetzt nebenbei adelig oder bürgerlich ist, — ich weiss nicht, welcher Zustand den Vorzug verdient, der, in der die Ehre ererbt, oder der, in dem sie erworben wird? — man ist überhaupt Offizier, Berufsoffizier, nur dass man nebenbei in anderer oder höherer Charge die Kranken und Blessirten besorgt, ist allein auf den Achselklappen an den kleineren oder grösseren Clysopompe mit Blutegeln erkennbar. Für die höheren ärztlichen Berufsklassenchargen werden diejenigen herausgesucht, welche „ein höheres Verständniss für die Gesammtheit der zwischen dem Heer- und Sanitätswesen im Frieden und im Kriege bestehenden Beziehungen gewonnen haben; diese bearbeiten dann planmässig diejenigen Punkte der Sanitätswissenschaft, welche mit der höheren Technik der Armeeleitung zusammenhängen".

Herausgesuchte! — Als ob bei diesem Suchen nach Capacitäten nicht allein und ausschliesslich der allzeit geschäftige Cliquen- und Claquendienst den Ausschlag gäbe, der immer noch übler und weit unzuverlässiger ist, als die frühere Ancienuitätsordnung. Denn diese konnte doch einmal eine unbefangene klare Kraft in ein Amt mit ausgedehnterem Wirkungskreise gelangen lassen und es zeigte sich trotz lügnerischer oder verkleinernder Berichte durch den Erfolg, was sie leistete und was sie mit den bestehenden Einrichtungen leisten konnte, wo sie durch Mängel dieser Einrichtungen sich gehemmt sah. Das Ideal der Herren Schmidt und Genossen ist die höhere Commisswirthschaft, die schlecht verschleierte Cameraderie des quatre voleurs, die sich wohl hüten werden, in ihrem Bunde oder der Nähe ihres Bundes einen Neuvorgeschlagenen als „behördliche Spitze" aufkommen zu lassen, der sie durch Leistungen von wirklichem Werthe in den Schatten und durch erbarmungslose Kritik an den Pranger stellen könnte. Solchen Kameraden wurde in Zeiten der Noth und kriegerischer Drangsale wohl der „Stegreifcharakter einer nur für die Kriegsdauer gültigen höheren ärztlichen Feldstellung" zugewiesen. Man überliess den Humanisten bon gré mal gré die Arbeit und die grosse Ehre der philanthropischen Uebung der Kriegschirurgie, als wissenschaftlichen Autoritäten wurde den Universitätschirurgen das geübte Amt consultirender Geheimräthe zuertheilt und diese Grössen sind von den Militärcollegen stets sehr — freundlich aufgenommen. Das Alles soll anders werden. Nur wer nach Herz und Nieren zuverlässig befunden ist, wer nicht Kritik übt, aber im Zutuschen und Beschönigen, im Mitmachen und Gehenlassen sich bewährte, findet in der geheimen Brüderschaft Zulass. Er kann das höchstgesteckte Ziel, eine Generalarztstelle, erreichen. Jedes Mittel ist gerecht. Die Jesuiten und die Eunuchen der Levante, die Ministerportefeuilles erjagen, machen es ebenso.

Aber damit nicht genug. Es ist wahrhaft rührend, wie Herr Schmidt weiter für sich und seine militärische Bundes-Brüderschaft Sorge trägt. Nicht Jeder kann General-Corpsarzt werden, weil die Zahl der Armee-Corps begrenzt, die Zahl der Aspiranten aber einstweilen unbegrenzt ist. Auch bewährt sich nicht Jeder auf die Dauer oder muss bei Seite gedrückt werden, damit vor und nach Alle an die Reihe kommen und auf die Labung an der goldenen Krippe nicht allzulange zu warten haben. Denn „ebenso wie der Dienst musste nothwendig auch das ganze innere Leben und Streben des Standes unter dem Einfluss einer unzureichenden Anzahl höherer Friedensstellungen leiden. Denn in jeder von wissenschaftlich gebildeten Männern betretenen Laufbahn bildet die Aussicht des Aufsteigens zu höheren Wirkungskreisen das belebende Element, welches die strebenden Kräfte in die nöthige Spannung setzt, um durch höhere Leistungen zu höheren Zielen zu gelangen. „Aus diesen Gründen" etc. — sind die Friedensstellungen der Divisionsärzte und Lazareth-Doctoren nothwendig und zu schaffen.

Auch das genügt nicht. Sollte das Staatssäckel sich auch für diese Friedens-Sinecuren bereitwillig öffnen, sie genügten den militäroberärztlichen Bedürfnissen nicht. Es giebt nämlich immer doch wenigstens einige Militäroberärzte oder Obermilitärärzte, die „mit den Leistungen der rasch fortschreitenden Schule des Zeitalters nicht Schritt halten. Wir können das. Sie säen nicht, sie erndten — doch. Die Armee soll diese Kameraden — abwerfen. Das Gleichniss des Herrn Schmidt in Gotha aus der Botanik verstehen wir nicht recht, oder Herr Schmidt hat Botanik und Zoologie im verbummelten Sommersemester gehört und verwechselt im reformatorischen Feuereifer Gehörnabwurf und Häutung mit dem Ansetzen neuer Jahresringe der Baumstämme, denn er spricht vom regelmässigen Abwerfen der ältesten und Ansetzen neuer Jahresringe, um — in der Sache übrigens recht verständlich — zu dem Schlusse zu kommen, dass diese militärischen Abwürflinge im Civildienst noch recht passend verwendbar sein werden. Herrn von Camphausen Exc. wird vorgeschwindelt, dass er, wenn er dies Stück Projectenmacherei begünstige und durchsetzen helfe, ein recht gutes Geschäft mache. Der — Geldbeutel wird nämlich von unserem verehrten Reformator nicht ausser Acht gestellt, nicht einen Augenblick, und also calculirt: der Staat hat ein finanzielles Interesse daran, diese älteren Kräfte so lange wie möglich im Dienste zu verwerthen, um — das Pensionsbudget nicht zu stark zu belasten. Das Mittel zu sparen ist von Herrn Schmidt auf dem naheliegenden Gebiete des Civil-Medicinaldienstes gefunden, unmittelbar an die militärische Ausserdienststellung schliesst sich die civile Indienststellung und was für den Armeedienst mit seinen Chikanen nicht mehr willig oder brauchbar ist, für den Civildienst liefert es immer noch ein, weit aus tüchtiger Schule hervorgegangenes, recht brauchbares Beamtenmaterial, technisch, intellectuell und moralisch bestbewährt und deshalb dem Wohle des Staates im Civildienste gerrettet und erhalten. Der Civilversorgungsschein hat sich bereits in anderen Verhältnissen dem Principe nach bewährt, bei Ausbruch eines Krieges wären die alten Knaben wieder zur Stelle und die alten Uniformen würden gebürstet, die Knöpfe geputzt, das brüchige Lederzeug gefettet und gewichst, Kriegführen ist nachher nur ein Spass!

Herr Schmidt hat insofern ganz Recht, mit dem 1. Januar 1875 hört in Deutschland das Pauschquantum für die Militärverwaltung auf und seine Verlängerung ist unstatthaft. Da muss man sich bei Zeiten vorsehen. Denn wenn auch in Folge gesteigerter Preise und im Anschluss an das neue Militärgesetz erhöhte Anforderungen bereits von der Reichsregierung angekündigt sind, so findet Herr von Benda in dem Briefe an seine Wähler vom 2. Dezember 1873 es doch mindestens zweifelhaft, ob die natürliche Steigerung unserer gegenwärtigen Reichseinnahmen diese Mehrforderungen decken wird. Die Pflicht bei Feststellung des neuen Etats Ersparnisse so weit herbeizuführen, als dies ohne Schädigung unserer nationalen Wehrkraft irgend geschehen kann, ist um so dringlicher, als eine erhebliche Steigerung der Matricularbeiträge für den Preussischen Staatshaushalt, trotz seiner zur Zeit günstigen Lage, überaus unerwünscht sein würde.

Die Aussichten für die Lucubrationen des Herrn Schmidt sind also nicht die günstigsten. Aber wie würden sich die Herren Obermilitairärzte in ihren Hoffnungen getäuscht sehen, wenn sie plötzlich in die Provinzialdepartements und Kreisarztstellungen mit 1000, (?) und 300 Thaler Jahresgehalt avancirten, wenn sie plötzlich alle Befugnisse der Initiative und Executive einbüssten und nach Laien-Urtheil ab und zu citissime requirirt würden, um über vergangene Dinge zu gutachten, auf dem Grabhügel Cholera der begrabenen Leiche zu constantiren, kurz nach vergeblichen und unerreichbaren Zielen bei Nacht und Nebel fahren zu müssen, um nach halbjähriger Frist die mancherlei entstandenen Baarauslagen für Fuhrwerk, Chausseegeld, Reagentien, Trinkgelder etc. etc. noch nicht zurückerhalten zu können. Der invalide Militäroberarzt würde freilich seine hochbemessene Militärpension nebenher beziehen und das Civilgeschäft nur als Zeitvertreib betrachten, — — so lange nämlich der Staat fortführt, von seinen Sanitätsbeamten einzig so sehr dürftige und thatsächlich imaginäre Leistungen zu fordern.

Vor dem deutschen combattirenden Offiziercorps und insbesondere vor dem Generalstabe haben wir Alle gewiss den allergrössten Respekt und danken es seiner Intelligenz und Energie, seinem Opfermuthe und ungeschminktem Patriotismus, dass die tapferen Heere in den drei schwierigen Feldzügen gegen Dänemark, Oesterreich und Frankreich so siegessicher in den Kampf ausrücken konnten, als handelte es sich nur um prämeditirte Feldexercitien. Aber wenn es mit den von Herrn Schmidt vorgetragenen und patronisirten Velletäten der Reorganisation und Augmentation des militärärztlichen Standes ausser ihm auch den Ministern, Regierungscommissaren und — Reichstagsherren Ernst ist, so fürchte ich alles Ernstes für diesen Stand und für Alle, die hilfsbedürftig seiner Obhut anheimzufallen das Verhängniss trifft, einen Tag wie der 14. October 1806 war, auf den eine so sehr lange und sehr dunkle Nacht folgte und welche einzig und allein die zu glücklicher Stunde geweckte und wach- und starkgewordene Volkskraft das Vaterland errettete. Ich getröste mich in der That, das die Männer des Reichstags ihr energisches Veto einlegen werden, falls das Kriegsministerium für solche bunte Träume Geld fordern sollte. Auch Herr von Camphausen würde den Specialetat mit Sorgfalt, Sach- und Menschenkenntniss prüfen und sich fragen: „Vergeudete ich nicht die Staatsmittel, die besseren Zwecken zu dienen bestimmt sind, wenn ich sie für solche wesen- und marklose Schattenbilder unserer wackeren Offiziere hergäbe? —

Weit eher möchte ich glauben und jedenfalls wünsche ich es, dass der Schatzminister gern den Staatssäckel öffnet und dass jeder gebildete Patriot froherstaunt ihm Beifall und Hülfe spendet, wenn der Antrag im Hause eingebracht wird, den nothwendigsten Beamtenstand, der aber zur Zeit bis auf schwächliche Anfänge im Deutschen Reiche fehlte, möglich zu machen und in Dienst zu stellen, ich meine den Stand der Reichs-Gesundheitsbeamten. Das wären einstweilen allerdings Lückenbüsser, denen eine ebenso schwere als verantwortliche Aufgabe zufiele; denn nicht bloss im Staate Dänemark ist Vieles faul und viel faules und brandiges Zeug auszumerzen, damit blühend gesundes Fleisch an seiner Stelle einwachsen und ein ganz gesunder Organismus entstehen könne.

Und das brauchte so vielen Mammon nicht zu kosten. Manche Kosten könnten recht gut von Privaten und Communen getragen werden, und nur wenn nachgewiesener Maassen die Einnahme der einzelnen Beamten eine gewisse normirte Höhe nicht erreichte, würde der Fiscus den Defect zu decken haben. Es wäre nämlich immerhin möglich, dass in einzelnen Kreisen und Bezirken die Einnahme erheblicher unter der Norm bliebe. Das darf nicht sein. Thatsächliche Hungerleider können nur ausnahmsweise, z. B. wenn ihre Ehefrauen reich genug sind, um dem Einkommen des Mannes nachzuhelfen, ganz gute Beamte sein.

Arbeit hätten diese Herren, welche die grosse Lücke in unserem Beamtenheere ausfüllen, von vorn herein genug und fast zu viel. Auf Praxis und Ertrag aus der Praxis dürften sie nicht hingewiesen sein, ebenso wenig wie Militärärzte und Regierungsräthe, höchstens, dass sie zu Consultationen bereit wären, wozu sie ausserdem durch ihre specielle Berufsart vorzugsweise geeignet und auch wohl willkommen wären.

VI.

Eduard Reich an Carl Hermann Schauenburg.

Das Duell ist im Reiche jener organisirten Wesen, welche man Thiere zu nennen pflegt, sehr weit verbreitet. Besonders zur Zeit der Brunst sehen wir die männlichen Individuen im Zweikampfe wegen eines weiblichen Individuums. Bei dem gesitteten und bekleideten Thiere, welches Mensch heisst und welches in Folge künstlicher Einwirkungen fast immer brünstig ist, kommt der Zweikampf zumeist auch aus Veranlassung weiblicher Wesen; und, so wie dort in der freien Natur zwei Büffel mit ihren breiten Stirnen und grossen Hörnern an einander rennen um der Kuh willen, und wie jenseits der Westsee zwei fleischgemästete Boxer menschlicher Art einander zerschlagen um der Lady willen: so bohren auf dem Festlande Europa's zwei humane Büffel, Esel, Affen, Knechte, Herren ihre Bratspiesse einander durch den Leib oder schiessen kugelförmiges Blei sich in den Balg, meistens um einer Tochter Eva's willen. In Ansehung des Duells ist also zwischen den Naturbüffeln und den Civilisationsbüffeln wesentlich gar kein Unterschied, und somit auch durch die Thatsache des Duells der Beweis für die Bestiennatur des Menschen geliefert.

Das Verhinderungsmittel des Duells ist — die Hygieine. Menschen, die ganz nach den Normen der Gesundheitspflege leben, mit Freude ihre Arbeit vollbringen, Excesse nicht begehen und dem Nächsten ebenso zu Liebe leben wie sich selbst, sind ferne von stürmischen Aufwallungen der Brunst und finden niemals und nirgends Veranlassung zum Zweikampfe. Bei solchen wirklich gesitteten Menschen giebt es auch keine falschen Begriffe von Ehre und auch keinen Drang nach Blutvergiessen; denn beiderlei hängt mit allzu ungestümer und auch mit perverser Brunst ursächlich zusammen.

Weil die Hygieine eine Tochter der Civilisation ist, darum kann man sagen, dass im Fortschritte dieser letzteren nicht nur die Hygieine sich entwickeln, sondern die Duellwuth immer mehr sich verkleinern und schliesslich ganz verschwinden müsse. Bleiben auch im Zustande wahrer Gesittung die Triebe der Nahrung und Zeugung immer die Urtriebe, nach denen alles Menschliche sich gestaltet, so vollziehen dieselben doch sich mit so viel Ruhe und Ordnung, dass Ausbrüche blinder Wuth sodann nicht mehr zu besorgen sind.

Die Ideen und Strebungen von Genf können nicht unmittelbar das Duell verhindern, aber mittelbar sehr wohl in dieser Hinsicht wirken, indem sie wahre Gesittung überhaupt, Hygieine insbesondere fördern.

Die Absicht des alten Napoleon, ganz Europa unter einen Hut zu bringen, war keineswegs unvernünftig, und oft schon kam es mir vor, als ob die wohl gelungene Durchführung dieses Planes und die Verwirklichung der Napoleonischen Ideen, die der Neffe des grossen Onkels so trefflich darzulegen wusste, für unseren Erdtheil weit mehr ein Glück als ein Unglück gewesen wäre. Europa unter einem aufgeklärten, wohlwollenden Despoten, regiert nach den Normen der Weisheit und Gerechtigkeit, der Gesittung und des Fortschrittes, nach guten, vernünftigen, freisinnigen Gesetzen, die Keinen ungerecht begünstigen, Keinen unterdrücken, sondern Jeden leben lassen; — wie wären da Kriege möglich gewesen! Oder hätte es den Chinesen, Persern, Samojeden, Hottentotten,

Kaffern, in den Sinn kommen sollen, ein so geeinigtes Europa zu bekriegen?

Nun, Europa ist das alte geblieben und hat alle Keime zu zahllosen Kriegen wohl conservirt. Jede neue Constellation vermag einige oder viele dieser Keime zu offenbarem Leben (häufig genug intensivster Art) anzufachen und alle mühsam errungenen Güter der Gesittung auf das Schrecklichste und Verhängnissvollste zu gefährden. Jede neue Constellation macht mich ernstlich besorgt; denn trotz aller schönen Redensarten von der kurzen Dauer der Kriege, könnte es doch einmal sich ereignen, dass ein dreissigmonatiger Krieg der Menschheit noch weit mehr Schaden brächte, als der dreissigjährige Krieg Schaden zufügte.

Wie anders stände es um die humanen Ideen und Strebungen, deren einen Ausdruck wir in dem Werke von Genf erblicken, wenn Europa geeinigt wäre!

Nicht zu Soldaten sollte man die Europäer ausbilden, nicht zu Menschenzerstörern, Saatenzertretern, Länderverwüstern, sondern zu friedlichen, tugendhaften, einträchtigen, liebenswürdigen, arbeitsamen, fühlenden Wesen. Abschaffen sollte man überall die stehenden Heere und die gemeinen Diplomaten. Leiten sollte man die Menschen zu der Erkenntniss der wahren Ehre und der eigentlichen Aufgaben eines civilisirten Daseins. Den tiefsten Abscheu sollte man jedem Staatsbürger einflössen vor den Künsten des Müssiggangs, den Ränken und Anstiftungen, Aufreizungen und Bosheiten, welche Kriege entzünden und Rebellionen heraufbeschwören, die Gesittung vernichten und die Barbarei befördern.

Ihr Entwurf der Stellung und Function der Gesundheits-Beamten ist wohl beachtenswerth. Ich für meinen Theil wünsche in allen Zweigen der Verwaltung, somit auch in der Sanitäts-Verwaltung, die grösste Einfachheit, und dabei die grösste Vielseitigkeit in Betreff des öffentlichen Nutzens. Ich bin dafür, alle Aerzte, also Civil- und Militärärzte, zu (gut besoldeten) Staatsbeamten und Mitgliedern des Rathes der Wohlfahrt zu ernennen, die Militärärzte ganz aus dem Verbande mit den Kämpfern zu sondern, und die Gesundheits-Angelegenheiten der Krieger ausschliesslich zur Sorge des Wohlfahrtsrathes zu machen, zugleich die Ideen und Strebungen von Genf von dieser letzteren Behörde ausführen zu lassen.

Weil ich die Conscription hasse und nur die Werbung Freiwilliger als einzig zulässig erkläre, sage ich, es möge der militärische Oberbefehlshaber für Sachkundige, welche ihm Aufschluss über Tauglichkeit oder Untauglichkeit der zu Werbenden oder Geworbenen für den Militärdienst geben, selber sorgen und dabei den Rath der Wohlfahrt nicht incommodiren. Dieser Behörde, welche das Heil der Menschen erwirken und fördern soll, kann es doch nicht obliegen, das Kanonenfutter auszusuchen.

Wenn Militär und Civil derselben Gerichtsbarkeit unterstehen und derselben Wohlfahrtsbehörde, dann werden auch die bewaffneten und unbewaffneten Zweihänder immer näher aneinander rücken und immer besser sich vertragen lernen. Der Rath der Wohlfahrt, eine grosse Autorität, über allem Militär und Civil stehend, wird seinen Mitgliedern weit mehr bieten, als gegenwärtig die Offiziers-Achselstücke, Degengehänge, Jacken und Schabbesdeckel den Militärheilkünstlern. Es werden also die von Ehrgeiz getriebenen Jünger Aeskulap's alles Streben nach Gleichheit mit den Combattanten auf den Nagel hängen und an der Pforte des Gesundheitspalastes um Einlass bitten, zu ihrem eigenen Wohle und zum Wohle der Menschheit.

* * *

1. Januar 1874. — Ich wünsche alles Gute zum Neuen Jahre ich wünsche, dass wir Frieden behalten und die Völker Europa's fest an die Möglichkeit eines ewigen Friedens glauben; ich wünsche,

dass die Herrschaft des Kaufmanns und des Soldaten aufhöre und die Welt fortan nicht von Geldgier und Ehrgeiz geknechtet, sondern von dem Lichte der Vernunft erhellt und von dem Feuer der Liebe erwärmt werde; ich wünsche, dass aus dem Streite zwischen Staat und Kirche, der gegenwärtig im Deutschen Reiche in hellen Flammen steht, Nutzen für die höchsten Güter der Menschheit erwachse. Mit diesen Glückwünschen reiche ich Ihnen, sehr geehrter Freund, meine Hand zum Grusse.

In einem früheren Briefe merken Sie sehr richtig an, dass an manchen Orten Genf so etwas wie eine Holzbirne oder ein saurer Apfel sei. Ja, dem ist wirklich so; denn Menschen, die nur von niederen Trieben gelenkt werden, die nur sich selbst kennen und in ihrem schrankenlosen Egoismus Alles verfluchen oder vergiften, was ihre Interessen zu beeinträchtigen scheint, finden Genf unausstehlich und möchten Alles, was dazu gehört, lieber heute als morgen mit Strunk und Stiel ausrotten.

Der militärische Geist befindet sich in den Jüngern Aeskulap's nicht an dem richtigen Orte; denn der Arzt soll erhalten und heilen, während dem Soldaten es obliegt, zu zerstören. In dem Worte „Militär" — „Arzt" schon liegt ein grenzenloser Widerspruch und von „ärztlichen Berufsoffizieren," von „Einhauchung des wahren militärischen Geistes in den Arzt" zu sprechen, ist nicht nur Unsinn, sondern Gedankenlosigkeit und Knechtsinn.

Gänzlich verworfen müssen alle Bildungsanstalten für Militärärzte werden, und geradezu als verderblich müsste es bezeichnet werden, wollte man „ärztliche Berufsoffiziere" mit den „übrigen Offizieren" zugleich an Kriegsakademieen bilden. Soll denn der Militarismus noch weitere Fortschritte machen, soll denn alles Humane dem Soldatenthume untergeordnet, in der Schwefelsäure des

Kriegerthumes aufgelöst werden? Das alte Reich der Römer war ein äusserst strammes; aber so viel Uebergewicht kam auch dort dem Militarismus nicht zu, wie heutzutage in den gesitteten Staaten von angeblichen Humanisten dafür erstrebt wird!

Wer Arzt bei den Soldaten werden will, mag hingehen zu diesen Leuten; nachdem er seine Studien an der Universität vollendet, möge er im Militär-Hospitale practiciren, Feldzüge mitmachen, und sonst nach Belieben oder Vorschriften sich qualificiren; — aber seine Studien an Kriegs-Akademieen zu betreiben, dies wäre weder im Interesse der Humanität rathsam, noch im Interesse der Wissenschaft wünschenswerth.

Keine Fachschule der Welt kann die Universität ersetzen, die Universität, welche eine Alma mater ist und als solche Gelegenheit zu vielseitiger Ausbildung giebt. Jede Fachschule, und sei sie die beste, hat etwas einseitiges, und wirkt dadurch hemmend auf die geistige Entwickelung im Grossen und Ganzen.

Denken wir uns nun Studenten der Medicin mit militärischem Charakter in einem Nebenhause der Kriegsschule; denken wir an den Cadetten- und Offiziersgeist, der aus dem Hauptgebäude in die nebenan stehende Bude strömt und auf die Gehirne der Jünger Aeskulap's, die zu ihrem Gedeihen einer sehr sauerstoffreichen Luft und sehr viel Licht bedürfen, wirkt; denken wir daran, dass dem Betriebe einer Wissenschaft nichts so schädlich ist, als die ewige Mahnung an deren staatsökonomischen Zweck; — so begreifen wir ohne Weiteres, dass Kriegsakademie und Studium der Medicin so zusammenpassen, wie eine Faust und ein Auge.

Aber, es kommt noch ein Umstand in Betrachtung. Die Traditionen, in denen die Zöglinge der wirklichen Kriegsakademie aufwachsen, und die Ideenkreise, in denen die Studenten der Medicin aufwachsen, sind so sehr verschieden, dass schon aus diesem Grunde der Hoffnung an die Erspriesslichkeit des Zusammenlebens beider Kategorieen unter einem Hauptdache nicht einen Augenblick Raum gegeben werden kann. Die eine Kategorie würde zum Dorne in den Augen der anderen, und die andere zur Zielscheibe des Witzes in den Augen der einen werden.

In den eingefleischten Militärstaaten producirt das Gehirn mancher rang- und achselstück-bedürftigen Oberfeldscheerer Gedanken, die werth sein könnten, in Barnum's Museum aufbewahrt und für Geld gezeigt zu werden, wenn sie nur den Transport über den Ocean aushielten.

Die Ueberspanntheit und Blasirtheit, die Schablonentollheit und nichtssagende Mittelmässigkeit der Gegenwart charakterisirt auch in ganz bedeutendem Maasse sich durch das Erkünstelte, Gesuchte, an den Haaren Herbeigezogene, in tausend Paragraphen und Rubriken Gehüllte, welches in den Vorschlägen und Schriften einiger medicinischen Ladestockverschlucker und Säbelschlepper waltet, die noch viel kaiserlicher sind, als der Kaiser, und viel militärischer, als der älteste Korporal.

Je einfacher eine Institution, je weniger Paragraphen und Rubriken sie enthält, je mehr sie dem Genie Spielraum bietet, und je mehr sie wahres Verdienst würdigt, desto besser ist sie, desto mehr fördert sie alle edlen Zwecke. Dies sollten alle Medici militarissimi sich hinter die Ohren schreiben, und danach sollten sie ihre Vorschläge und Ausführungen gestalten.

Die Complicirtheit der öffentlichen Einrichtungen deutet auf einen sehr büreaukratischen, kleinlichen, beschränkten, philisterhaften Geist hin, und läuft stets darauf hinaus, das Verdienst nicht anzuerkennen und den Geist auszuschliessen. Und was kann eine Institution mehr zur Schädlichkeit machen, als der Ausschluss des Geniees, die Verweigerung der Anerkennung wahren Verdienstes?

Durch zahllose Rubriken und Paragraphen wird der Geist ausgeschlossen, durch Rottenwesen und Particularismus das Verdienst feige oder brutal verjagt. Diejenige Richtung, welche den Arzt zum Berufsoffizier machen und Medicin und Hygieine im Militarismus aufgehen lassen will, muss auf das Eifrigste bekämpft werden, weil sie geradezu gefährlich ist. Aber auch die Richtung verdient bekämpft zu werden, welche dem Arzte zumuthet, bei der Auswahl der jungen Leute zu den Waffen als Spion thätig zu sein. Mit Einführung des Systems der freien Werbung fallen alle diese Richtungen von selbst, und die Gehässigkeit und Landplage, der Witz und die Logik des Militarismus im Gewande der Wissenschaft sind dann zu Ende.

Weil gegenwärtig immer die physische und intellectuelle, nicht aber die moralische Gesittung zunimmt, und weil die Menschen immer mehr und mehr in dem Wirrsale von Schablonenthum und Militarismus sich verstricken, darum verlieren auch sehr viele jener Menschen, deren Verstand durch allerhand künstliche Mittel zu einer mehr oder minder bedeutenden Höhe hinaufgeschraubt wurde, die naturgemässe Basis und wünschen dort Rollen zu spielen, Ansehen zu erringen, Auszeichnungen zu empfangen, wo sie gar nicht an ihrem Platze sind. So sind denn in der vielfach verkehrten Gegenwart Militärärzte, Professoren und andere Handwerksleute ernsterer Art darauf versessen, militarischen Rang zu gewinnen, in Uniformen und mit Stich- oder Hiebwaffen versehen über die Strasse zu laufen oder an öffentlichen Orten sich breit zu machen, furchtsamen Philistern Respect einzuflössen, liebebedürftigen Frauenzimmern zu imponiren, dem Pöbel Bewunderung abzunöthigen u. dgl. m.

In allen verderbten Zeitaltern stehen Mars und Mercur im Zenith ihres Ansehens, und Mars giebt in Bezug auf die gesellschaftliche Stufenleiter den Ton an. Diese Thatsache erklärt alle aufgeführten, dem Menschenfreunde vielfach Uebelkeit erregenden Erscheinungen ohne Schwierigkeit; indessen haben wir die Gewissheit, dass mit dem Anbrechen einer von dem Lichte der Vernunft mehr erleuchteten und von dem Feuer der Liebe erwärmten, beziehungsweise sittenreinen Aera die schlimmsten Auswüchse vom Leibe der Gesellschaft schwinden werden.

Ich schliesse hiermit unsere Briefe. Morgen gedenke ich wieder eine Reise nach Skandinavien anzutreten. Ich will, über die verschiedenen Sunde segelnd, an Genf und unsere Briefe denken, und erwägen, ob es nicht möglich wäre, einen Vulcan zu entdecken, in dessen Krater alle die grossen und kleinen Eseleien, welche der Verwirklichung der Ideen von Genf als Hemmnisse in den Weg sich legen, zweckmässig zu werfen wären. Vielleicht existirt ein solcher feuerspeiende Berg auf einer noch nicht bekannten Insel des nordischen Oceans. — Farewell!

Geistige Getränke und Trunksucht.

Aus dem Missbrauch geistiger Getränke entspringt Entartung des Menschen und der von demselben erzeugten Nachkommen; die alkoholischen Getränke erwirken eine Unzahl körperlicher Leiden und Geisteskrankheiten, veranlassen Selbstmord, Laster und Verbrechen. Je mehr in einem Lande die Säuferei einreisst, desto mehr zerrüttete Leiber, desto mehr kranke, entartete Seelen, desto mehr Sterblichkeit überhaupt, Kindersterblichkeit insbesondere. Darum ist Alkohol, sind geistige Getränke, der grösste Feind der menschlichen Gesellschaft, und es ist die Pflicht Aller, denen das öffentliche und persönliche Wohl der Bürger am Herzen liegt und zu fördern obliegt, nicht blos den Missbrauch, sondern auch den Gebrauch der Alkoholica zu bekämpfen.

Der Mensch bedient sich des Alkohols als Reizmittels und als eines Mittels, die Verdauung grösserer Mengen wenig nährkräftiger Nahrung zu fördern, das Gefühl des Hungers zu beschwichtigen. Die Annahme, dass Alkohol ein Sparmittel der Gewebe sei, verliert immer mehr an Boden. Das beste Sparmittel der Gewebe ist gute, kräftige, genügend fette, erquickende Nahrung. Wenn solche allen Klassen des Volkes zur Verfügung steht, ist aller Vorwand zu Aufnahme der gebrannten Wasser hinfällig.

In manchen Gegenden mit guter Volksnahrung findet man stark verbreitete Branntweintrinkerei. Hier ist nicht der Vorwand der Noth zulässig, sondern der Hang nach Aufnahme der Spirituosen hat seine Quelle in dem Bestreben, die Schwierigkeiten der Verdauung grosser Mengen allzu üppiger, allzu fetter Speisen, zu heben. In solchen Gegenden kommt es darauf an, die Nahrungspflege naturgemäss zu gestalten, um dem Alkoholismus die Spitze abzubrechen.

Elend und Ueppigkeit sind also, jedes in seiner Art, die Erzeuger der Begierde nach Alkohol, die Förderer der Trunksucht, die grossen Veranlassungen der immer zahlreicher werdenden Branntweinbrennereien, Bierbrauereien, Weinfabriken und Wirthshäuser; Ueppigkeit bestimmter Klassen ist es, was den Weinbau auf Kosten des Getreidebaues entwickelt und die Weinbauern zu Proletariern macht und zu Säufern.

Das grosse Verhängniss der Trinkerei wird, und es ergiebt sich das aus dem Bisherigen, in der Hauptsache dadurch zu beseitigen sein, dass wir das Elend ebenso tilgen, wie die Ueppigkeit bannen. Alles Andere kommt erst in zweiter Reihe in Betrachtung, wenn es auch immer von beträchtlichem Werthe ist.

Wer das Elend nicht mit eigenen Augen sah, und nicht im Stande ist, in die Lage eines Gequälten sich zu versetzen, begreift den Inhalt jenes Wortes nicht, versteht nicht die Beziehungen des Elends zu den Verdauungsorganen, dem Verlangen nach Alkohol und dem Missbrauche des letzteren. Der mit dem Elend Ringende hat stets das volle Bewusstsein seiner Lage, fühlt immer die Verachtung, die leiblichen und moralischen Fusstritte der Bessergestellten und in der Gesellschaft Herrschenden, sowie der übermüthigen, aufgeblasenen Bedienten derselben; zugleich fühlt er Hunger oder hat die wüste Empfindung des Voll- und Geblähtseins nach Aufnahme grösserer Mengen von Brod, Kartoffeln und anderen Speisen, welche viel Säfte und Kräfte zu richtiger Verdauung brauchen. Dies Alles sucht er durch Alkohol möglichst zu bekämpfen,

Aus dem Gebrauche der gebrannten Wasser wird Missbrauch, hieraus Krankheit, Gebrechen, Entartung.

Das grosse Verhinderungsmittel der Säuferei bei den Armen und Elenden und der aus derselben entspringenden physischen und moralischen Leiden ist, wie aus dem Bisherigen deutlich hervorgeht, bei weitem mehr auf dem Gebiete der Menschenfreundlichkeit und Nächstenliebe, als auf jenem der gesetzlichen und polizeilichen Maassregeln zu suchen. Läuft Alles darauf hinaus, dem Armen und Gedrückten das Leben leicht zu machen, bemühen sich Vornehme und Reiche, ihren vom Schicksal weniger begünstigten Mitmenschen liebevoll entgegen zu kommen, deren Dasein zu achten, deren Thätigkeit anzuerkennen, deren Seele zu erheben, so sind drei Viertheile aller Anlässe des Branntweingebrauchs und Alkoholmissbrauchs entfernt. Ein für alle seine Redlichkeit und Arbeit verachteter und getretener Mensch, dem obendrein die Gelegenheit genommen ist, seine leiblichen und geistigen Bedürfnisse auch nur einiger Maassen naturentsprechend zu befriedigen, steht mit einem Fusse in der Falle des Lasters.

Die Glücklicheren und Oberen haben durch ihr ganzes Benehmen gegen die Unglücklichen und Niederen es in der Hand, selbe dem Laster in die Arme zu treiben oder aber zu entreissen. Die Gesetze in den sogenannten Rechtsstaaten und anderwärts sind von den Glücklicheren und Gebildeten gemacht, die in den allerseltensten Fällen wahres Verständniss für das eigentliche Volk, insbesondere für die arbeitenden und darbenden Klassen, ihr eigen nennen. Aus diesem Grunde wohnt den Gesetzen eine mehr oder minder grosse Härte gegen den Besitzlosen und Dürftigen ein, und die Ausführung der Gesetze durch Persönlichkeiten die in dem Unglücklichen eine wilde Bestie, welche gebändigt werden soll, zu sehen sich gewöhnten oder gewöhnt wurden, kann und muss den

Armen und Elenden immer weiter von der Gesellschaft entfernen, immer verzweifelter und alkoholbegieriger machen.

Es giebt weit bessere Genussmittel, als alkoholische Flüssigkeiten, auch wenn diese letzteren in äusserst bescheidener Menge aufgenommen werden. Kaffee und Thee gehören zu den besten Mitteln, die Mässigkeit zu fördern, und sind in hohem Grade geeignet, die Verdauung der gröberen Nahrungsmittel zu erleichtern und das Nervensystem entsprechend anzuregen. Es wird also darauf ankommen, Kaffee und Thee auch den armen Volksklassen zugänglich zu machen, bei denselben als tägliche Genussmittel einzuführen, und die Wirthshäuser allmälich in Kaffee- und Theehäuser umzuwandeln, oder doch möglichst durch solche zu ersetzen.

Bei der gegenwärtigen Kostspieligkeit echter Kaffee- und Theearten, wie solche als Genussmittel allein zulässig sind, werden die sogenannten Surrogate, insbesondere die ebenso schädliche wie geschmackverderbende Cichorie, ihren Platz behaupten und keineswegs den Appetit nach Branntwein dämpfen. Die Erfahrung lehrt auch, dass der Missbrauch von Cichorie und Branntwein meistens zu gleicher Zeit stattfinde, in einer und der nämlichen Bevölkerungsklasse betrieben werde, wenn auch die Männer mehr des Alkohols die Frauen mehr des falschen Kaffee's sich bedienen.

Auf Kaffee, Thee, Zucker und alle Genussmittel, deren Gebrauch den Gebrauch und Missbrauch der alkoholischen Getränke vermindert, darf keine Abgabe, kein Zoll liegen; es müssen demnach für alle Fälle dergleichen die Wohlfahrt des Volkes schädigende Besteuerungen abgeschafft werden. Dies erst macht es uns möglich, den Alkoholismus von physischer Seite her mit der Gewissheit des Erfolges zu bekämpfen und der Industrie schauderhafter, die allgemeine Gesundheit benachtheiligender Surrogate ein Ende zu machen.

Einer der grössten Irrthümer ist der Glaube, dass die Volksnahrung durch Einfuhr billigen südamerikanischen und australischen Fleisches zu verbessern sein werde. Wenn Fleisch auch kräftiger nährt, als Kartoffelschalen und Cichorienbrühe, so steht es doch an nährender und erquickender Kraft hinter Hülsen- und Mehlfrüchten, Gemüsen, Obstarten und Würzen, Käse und Milch, und regt auf der anderen Seite zu Genuss alkoholischer Getränke an. Es wird also bei Bekämpfung des Alkoholismus davon sich handeln, jedermann in den Stand zu setzen, seinen Bedarf an Feld- und Gartenfrüchten selbst zu bauen, selbst eine melkende Kuh zu halten, um so Milch, Butter und Käse zu gewinnen. Dem Armen und Dürftigen muss demnach vom Staate ein kleines Haus, etwas Garten und Feld gegeben werden. Hierdurch kommt das Volk zu naturgemässer Ernährung, zu Ordnungsliebe und Sorgfalt, zu den Grundlagen eines gesunden Familienlebens, und wird so dem Missbrauche des Alkohols entrückt.

Tilgung der Säuferei bei den unteren Klassen setzt Tilgung des Proletarierthums voraus, entsprechende Volksnahrung, Beseitigung der Irrthümer, welche die Nahrungspflege beherrschen, allgemeine Ausbreitung des Kaffee und Thee als Genussmittel, und fortschreitende Verminderung der Branntweinbrennereien und Wirthshäuser; ausserdem die eifrigste Sorge für gute Volkserziehung, Verdrängung gemeiner Volksergötzungen und Sinnesaufregungen durch gutes Theater, gute Musik und gediegene öffentliche Vorträge; ferner die gewissenhafteste Verhütung des materiellen ebenso, wie des moralischen Zugrundegehens Einzelner und ganzer Familien.

Die Vereine zur Förderung der Mässigkeit, obgleich ganz vortreffliche Institutionen, können ihren Zweck niemals ganz erreichen, wenn sie nicht das bisher Entwickelte in ihr Programm aufnehmen und nach allen Kräften zu verwirklichen suchen.

Man kann mit grösster Gewissheit aussprechen, Alkohol sei der grimmigste Feind, des Menschen; denn er entmischt das Blut und richtet die Nerven zu Grunde. Im Organismus hängt Alles von der Beschaffenheit des Blutes und dem Einflusse der Nerven auf die leiblichen Vorgänge ab; je gesunder Blut und Nerven, desto gesunder das Individuum und die Familie, desto widerstandsfähiger, dauerhafter und zu tugendhaftem Leben disponirter.

Die Wirkung des Alkohols auf die Nerven ist lähmender Art; selbe beginnt bei den peripherischen Nerven und breitet auf die centralen Nervenorgane sich aus. In Folge dessen erweitern sich die peripherischen Blutgefässe und der Blutdruck in den Arterien wird vermindert. Der Alkohol dringt in die Substanz der Nerven ein und ruft da chemische Veränderungen hervor. Bei verlängertem Alkoholgebrauch erhöht sich der Fettgehalt des Blutes und der Muskeln, es entarten die Gewebe des Herzens, der Leber und der Nieren, und es entwickelt sich chronische Reizung in den Häuten des Gehirns, Rückenmarks, Herzbeutels, Magens und Darmes; es wird der Same und das Ei in Qualität verschlechtert und das geistig-sittliche Leben in seinen Grundfesten erschüttert. Die Nachkommen leiden an den manigfaltigsten constitutionellen Uebeln oder bringen ausgesprochene Anlage hierzu mit zur Welt, sind im Ganzen mangelhaft entwickelt, mehr oder minder zurückgeblieben, gebrechlich, und weichen geistig ebenso, wie moralisch, mehr oder minder bedeutend von den Kindern gesunder Eltern ab. Die Hälfte, drei Viertheile, neun Zehntheile aller Verbrecher haben Individuen zu Erzeugern, welche Missbrauch alkoholischer Getränke sich zu Schulden kommen lassen. Aus Gelagen, aus Missbrauch geistiger Getränke, entspringen drei Viertheile aller geschlechtlichen Ausschreitungen, aller Laster, Niederträchtigkeiten, Schandthaten. Und diese sämmtlichen Erscheinungen fliessen aus Entmischung des Blutes und krankhafter Aenderung in Nervensubstanz und Nerventhätigkeit durch den Alkohol.

Der vierte Theil aller Irren in dem Asyl zu Edinburgh verdankte seine fürchterliche Krankheit dem Missbrauche des Alkohols; der vierte Theil aller Fälle plötzlichen Todes und der sechste Theil aller Fälle von Selbstmord entspringt aus Trunksucht.

In neuerer Zeit hat die Anzahl der Gehirnkrankheiten beträchtlich zugenommen, aber ganz und gar in dem nämlichen Verhältniss, wie die Säuferei. Alle epidemischen Krankheiten fordern bei den Säufern weit mehr Opfer, als bei den in Mässigkeit lebenden Menschen, und alle Leiden, sie mögen was immer für Namen haben, verlaufen bei den Trinkern viel gefährlicher, als bei Enthaltsamen.

Im grauen Alterthum schon war es bekannt, dass Säufer untüchtig sind in Sachen der Fortpflanzung des Menschengeschlechts, dass Uebermaass geistiger Getränke nicht nur die Qualität der Nachkommen herabsetze, sondern auch die Anzahl derselben verringere. Es geht dies so weit, dass Familien, in denen Säuferei zu Hause ist, bald aussterben. Durch den Einfluss des Alkohols wird der Samen und das Ei verschlechtert, die Erregungsfähigkeit der Zeugungsorgane geschwächt, das Feuer der Liebe abgekühlt. Je schlechter die Materialien, aus denen des Menschen Leib sich erbaut, und je geringer die Wärme mit welcher derselbe in das Leben gerufen wurde, desto weniger normal die Entwickelung, desto mehr krankhafte Anlage, Gebrechlichkeit, Lebensschwäche.

Derjenige sorgt für Gesundheit, Wohlfahrt, Glück und Moral seiner Nachkommen am besten, welcher sein ganzes Leben lang mässig bleibt und alle geistigen Getränke meidet. Es giebt ganze Bevölkerungen, die niemals das Gebot der Mässigkeit verletzen; zum Lohne dafür sind dieselben auch urkräftig und ihre Nachkommen, nicht immer allzu reich an Zahl, doch reich an Gesundheit des Leibes und der Seele. Mit der Unmässigkeit nimmt die Entartung eines Volkes zu, und Fresserei wie Säuferei bereiten immer Sittenlosigkeit, Sklaverei, Tyrannei vor.

Ein urkräftiger Volksstamm lebt frei, nach eigenen Gesetzen, in Sittenreinheit dahin; ein durch Alkohol verdorbener Volksstamm verbringt sein Leben in Knechtschaft und Sittenlosigkeit, und muss Gesezzen sich beugen, welche dem persönlichen Interesse eines Despoten und seiner Gesellen den Ursprung verdanken. Das probateste Tödtungsmittel aller Freiheit ist der Alkohol; das grösste Gift für alle Moral, für alle höheren Interessen ist der Alkohol; das eigentlichste Zerstörungsmittel des naturgemässen Baues der bürgerlichen Gesellschaft ist der Alkohol; — einerlei, ob derselbe als Branntwein, schweres Bier oder Wein missbraucht werden möge.

Erfahren wir, dass in irgend einem Lande eine grössere Zahl von Menschen aus Gram, wegen Missgeschick, unglücklicher Liebe u. dgl. m. dem Trunke sich ergiebt, so dürfen wir mit grösster Gewissheit das Obwalten recht schlimmer Verhältnisse dort annehmen. Niemand ergiebt sich dem Laster, der nicht besondere organische Anlage dazu hat, in irgend einer Art gebrechlich ist, von gebrechlichen Eltern abstammt. In naturfrischen, urkräftigen Gesellschaften ist sehr wenig Anlass zu Gram, Missgeschick, unglücklicher Liebe, Verzweiflung u. dgl. m. gegeben. Je grösser also die Anzahl der aus moralischen und insbesondere deprimirend wirkenden Ursachen trunksüchtig Gewordenen ist, desto naturwidriger und krankhafter sind die Verhältnisse der Gesundheit des Volkes, der Volkserziehung und Staatsverwaltung, desto kraftloser ist die Religion, desto handwerksmässiger oder auch gleichgültiger deren Priesterthum.

Jede lebendige, beseligende, beglückende und erhebende Religion mit gesunden, begeisterten Priestern schützt vor Verzweiflung und verhindert somit den Verfall in Alkoholmissbrauch aus dieser Quelle. Aber die Wirkung einer solchen Religion geht noch weiter, indem selbe das Interesse der Menschen höheren Angelegenheiten zu- und von der gemeinen Sinnlichkeit ablenkt, somit Betäubung durch Alkohol gar nicht wünschenswerth macht. Ich für meinen Theil erwarte von einer neuen, die Religion der selbstlosen Liebe verkündigenden und ausübenden Kirche mit grösster Gewissheit, die Austilgung zahlloser Ursachen der Säuferei und Völlerei durch begeisterten Aufschwung des Herzens und Erleuchtung, Beglückung der grossen Mengen alles Volkes anzubahnen.

Mit Vermehrung der Wirthshäuser steigert sich die Trinkerei und wachsen die Uebel, deren Urheber der Missbrauch des Alkohols ist. Aus welchem Grunde aber vermehren sich an manchen Orten und zu mancher Zeit die Wirthshäuser so beträchtlich? Diese Frage ist nicht immer so leicht zu beantworten; denn es kommt meistens eine Vielzahl von Factoren in Wirksamkeit. Für alle Fälle aber ist es nicht das Bedürfniss des Genusses alkoholischer Getränke allein, was die Zahl der Wirthshäuser erhöht, sondern diese letzteren sind es zu nicht geringem Theile, was jenes (eingebildete) Bedürfniss steigert. Eine Politik, welche das Wirthshausthum bekämpft und die Erlaubniss zu Errichtung von Saufanstalten, Branntweinbrennereien etc. nur schwierig und selten ertheilt, wird daher als gut und glücklich zu bezeichnen sein.

Abgesehen von Weltstädten, begegnen uns in einem Lande

um so mehr Wirthshäuser, je mehr die der Ackerbau durch Fabrikation verdrängt, je mehr Proletariat der Arbeit und des Geistes vorhanden ist, und je mehr die allgemeine Gesundheit ebenso wie Sittlichkeit sich verschlechterte. Allerorts, wo naturfrische Lebensverhältnisse obwalten, giebt es inniges Familienleben, kräftigen Familiengeist; je inniger, je kräftiger diese beiden, desto weniger Sinn für das Wirthshaus, desto — kleiner die Zahl der Wirthshäuser. Alles, was das Familienleben fördert, arbeitet dem Saufhause entgegen; Alles, was den Familiengeist schädigt, ist der Säuferei und dem Wirthshaustreiben günstig.

Bekämpfung der Säuferei ist also gleichbedeutend mit Förderung des Familienlebens, und umgekehrt. Aber, die Familie kann nicht wiederhergestellt werden durch irgend ein Gesetz oder eine Verordnung, sondern nur durch Tilgung des Elends, Bannung der Ueppigkeit, Aufschwung des Herzens, Bethätigung der Nächstenliebe, Erleuchtung des Geistes und selbstlose Förderung aller höheren Interessen, deren natürlicher Mittelpunkt stets ein veredeltes Familienleben sein und bleiben wird.

Gute Erziehung der Frauen gehört zu den kräftigen Vorbeugungsmitteln der Säuferei und Schlemmerei bei den Männern; denn je mehr die Frau dem Manne an Gemüth, Geist, Geschicklichkeit, Tugend bietet, desto mehr hält sie den Gatten an Haus und Familie gefesselt. Hierdurch geschieht dem Wirthshausleben sehr grosser Abbruch und wird ungemein viel von Entartung des Menschengeschlechts verhütet.

Die erzwungene Ehelosigkeit und das Zusammensein vieler jungen, dem Familienleben entrissenen Männer und Jünglinge, dies begünstigt alle Ausschreitungen in dem Gebrauch geistiger Getränke. Hier kann nur Rath geschaft werden durch Beseitigung des Zwanges, unverheirathet zu bleiben, und durch Anziehung jener Alleinstehenden seitens der Familien. Dem sind freilich oft genug wirthschaftliche Verhältnisse entgegen, welche die Ausübung der Gastfreundschaft unmöglich machen. Wenn aber die jungen Leute bescheiden in ihren Ansprüchen sind, das heisst: von ihren Eltern zu Bescheidenheit erzogen wurden, und wenn im Staate alle Dinge so geordnet sind, dass weder eine Vielzahl gefrässiger Parasiten dem Volke das Mark aus den Knochen saugt, noch auch der Mensch daran gehindert ist, ein Häuschen mit etwas Garten und Feld leicht zu erwerben, so wird die Ausübung der Gastfreundschaft nicht schwer und dadurch werden die Familien geneigt, alleinstehende Menschen gesellig anzuziehen und vor Ausschreitung, Gelage und Säuferei zu bewahren.

Die Vermehrung der Menschen und die Familie*.

Alles Gute im Leben muss von der Familie den Ausgang nehmen. Der Mann, das Weib, die Kinder, sie machen die erste und ursprünglichste der Gruppen aus, die Familie. Eine Mehrheit von Familien ist die Gemeinde, eine Mehrheit von Gemeinden der Staat. In allen diesen Gruppen dreht das ganze leibliche Leben sich um Ernährung und Fortpflanzung, um Erhaltung des individuellen und des socialen Organismus. Das Mittel hierzu ist für den ersteren die Pflege, besonders die Nahrung, für den letzteren die Zeugung. Das Individuum nimmt aus der äusseren Welt Stoff auf, der in seinem Haushalte zu Ergänzung und Aufbau verwendet wird; aus den Ueberschüssen der Ernährung fliesst alles Material, welches die Grundlage für die den gesellschaftlichen Organismus ausmachenden und die erloschenen Einzelnen ersetzenden Wesen abgiebt.

Man kann die Familie und eine jede aus Familien sich zusammen setzende sociale Gruppe als ein dem individuellen Organismus durchaus analoges Gebilde auffassen, als ein Gebilde, in welchem der Zeugung der nämliche Werth zukommt, wie der Ernährung bei dem Einzelwesen. Die Familie hat, gleich dem Individuum, ihre gewisse Dauer, ihre Periode des Aufblühens, der Höhe, des Rückschrittes oder Verfalles. Sowie das Einzelwesen aufblüht,

---
*) Ausführlich werden die nachstehenden Gedanken entwickelt in meinem Werke „Die Fortpflanzung und Vermehrung des Menschen." Jena, 1880. in 8º. (Verlag von Hermann Costenoble.)

wenn die Ernährung aufsteigt und culminirt, und verfällt, wenn die Ernährung verfällt, so erhebt sich die Familie, bleibt im Zenith und kommt in den Bann der rückschreitenden Metamorphose, wenn die Zeugungskraft, die Fruchtbarkeit der Individuen und die Dauer derselben sich erhebt, in ihre Vollkraft tritt und sich schwächt. Und die Zeugungskraft, die Fruchtbarkeit ist abhängig von der Dauer und Vollkraft, Gesundheit und Sittenreinheit der Einzelnen.

Kraft und Geist der Familie mit diesen Formeln wollen wir das Maass der Fortpflanzungsfähigkeit und des Widerstandsvermögens, beziehungsweise der Nerven- und Seelenenergie einer Familie ausdrücken. Je grösser die Kraft und je naturfrischer der Geist einer Familie, desto besser deren Lebensaussichten; je grösser die Familienkraft, desto naturfrischer der Familiengeist, und je mehr die erstere in Verfall, desto mehr auch letzterer im Niedergang.

Die Lebensaussichten und die Schicksale des Gemeinwesens hängen von den Lebensaussichten, von den physischen und moralischen Zuständen der Familien, von Familien-Kraft und -Geist ab. Dort, wo die Ernährung und Zeugungskraft der Individuen herabsinkt, fällt auch das Barometer von Kraft und Geist der Familien, und der Staat ist am Vorabende seines Unterganges angelangt. Es handelt keineswegs sich davon, dass viele, sondern dass gute lebenskräftige Nachkommen gezeugt werden; keineswegs sich davon, dass die Ernährung üppig, sondern dass sie angemessen sei und Zustände von Gesundheit und Wohlsein bedinge.

Die Moral eines Volkes steigt und fällt mit Ernährung und Zeugungskraft der Individuen, mit Kraft und Geist der Familien. Kommt das öffentliche Regiment in die Gewalt von Menschen aus Familien mit sinkendem Fortpflanzungsvermögen, so vermissen wir die geistige Schnellkraft, die Energie; ein solcher Staat verliert seine Bedeutung, verfällt.

Gleichwie das individuelle Leben sich verlängern lässt, wenn wir für gute physische und moralische Pflege der Einzelnen sorgen, so lässt das Leben der Familien und des Gemeinwesens sich verlängern, wenn wir das Vermögen der Fortpflanzung möglichst normal erhalten. Das Aussterben der Familien, das Erlöschen der Nationen, ist jederzeit die Folge des Verfalles der Zeugungskraft durch Verschlechterung der Beschaffenheit von Samen und Ei, durch Erkalten der Inspiration seitens des Seelenlebens der Zeugenden; denn kräftiger Nachwuchs erfordert nicht nur gute Beschaffenheit der Zeugungsmaterialien, sondern auch jene Energie der Seele, wie solche jugendfrische Menschen kennzeichnet.

Oft genug kann die Lebensdauer von Familien und Nationen durch Auffrischung des Blutes, wie man dies bezeichnet, verlängert werden, nämlich durch Ehebündnisse der Verfallenden mit Aufblühenden. Lassen wir in einem Lande, dessen Bewohner in Entartung begriffen sind, urkräftige Fremde in genügender Anzahl einwandern, so erzielen wir damit gesunderen Nachwuchs und verlängern das Leben der Familien, des Volkes. Dagegen wird Auswanderung der noch übrigen kräftigen Elemente Vermischung der Entartenden unter einander bedingen und die Lebensdauer der Familien und Stämme beträchtlich verkürzen.

Jede Mehrheit von Menschen, deren Fortpflanzungsvermögen in qualitativer Art sinkt, zeigt mehr und mehr greisenhaften Charakter, körperlich ebenso, wie geistig. Es verhält in diesem Stücke bei der Gesammtheit sich in gleicher Art, wie bei dem Einzelwesen. Alle Momente, welche schwächenden Einfluss auf die organische Entwickelung ausüben, setzen die Fähigkeit der Reproduction herab, beschleunigen den Eintritt des Alters, des Verfalles. Daher kommt es denn, dass die Familien der Säufer so bald aussterben, und dass wir immer und überall die tugendhaften, gesundheitsgemäss lebenden Familien lange dauern, die lasterhaften, den Normen der Hygieine zuwider lebenden Familien aber beziehungsweise rasch verschwinden sehen.

Es giebt Völker, von denen man behaupten kann, sie seien unverwüstlich, von fast ewiger Dauer. Die Ursache so langen Bestehens ist ganz einfach die ungeschwächte Reproductionskraft. Wir sehen Indier, Juden und Chinesen vor Jahrtausenden schon auf der Weltenbühne, und bemerken, dass dieselben heute noch dieselbe Energie des Gattungslebens bewahren, wie zu den ältesten geschichtlichen Zeiten. Diese Thatsache führt auf den Gedanken, es müsse bei den genannten drei Nationen ein gewisses Etwas wirksam sein, wodurch die Kraft der Fortpflanzung so wohl bewahrt, in ihrer ganzen Stärke seit einer langen Reihe von Jahrhunderten erhalten wurde. Und dieses Etwas ist das Gesetz der Indier und Juden, das unerbittlich strenge Herkommen der Chinesen. Hier stehen alle Lebensäusserungen unter der Gewalt der Ueberlieferung, dort Nahrung und Zeugung in dem Banne eines Gesetzes, welches an Tiefe und Vielseitigkeit der Wirkung nicht seines Gleichen kennt; der Typus eines Religionsgesetzes! Dazu die strenge Abschliessung von den anderen Völkern!

Beherrschen religiöse Normen die Einzelheiten des Privatlebens und nehmen dieselben Richtung auf beste Bewahrung von Gesundheit und Geschlechtskraft, so hindern sie Verfall der Sitten, Gebrechen des Leibes und Entartung, und erwirken auf diese Weise möglichst lange Dauer der Familien und des ganzen Volkes.

Die beträchtlichste Ursache beziehungsweise raschen Verfalles einer Familie, einer Nation ist Verderbniss der Sitten und Gebrechlichkeit des Leibes. In der Regel hängt beides genau zusammen und geht das Eine aus dem Andern hervor. Alle Sittenverderbniss beginnt mit Ausschweifung in Bauch und Liebe; Ausschweifung setzt die Thätigkeit der Centralorgane des Nervensystems herab und verschlechtert die Blutmischung, indem sie den Nerveneinfluss hemmt und alterirt, Störungen im Umsatze der Gebilde veranlasst, das Verhältniss von Anbildung und Ausscheidung verschiebt, und so die Mischung der Zeugungsmaterialien ungünstig verändert, die Wärmeentwickelung beschränkt, und in den Seelenorganen jene Energie nicht aufkommen lässt, deren Vorhandensein die unerlässliche Bedingung normaler Reproduction des Menschen ist.

Bei höchster Geistesbildung der oberen Klassen ist der Einfluss einer das ganze Dasein betreffenden religiösen Norm ebenso statthaft, ja ebenso unerlässlich, wie bei grösster Unbildung der niederen Klassen; denn die Religion ist, unter sonst guten Verhältnissen und wohl prakticirt, sehr geeignet, die Frische des Daseins und Kraft der Fortpflanzung in voller Blüthe zu erhalten. Die Religion, als das System der Liebe, bewahrt vor Unterdrückung und Ausschweifung, verhütet und beseitigt Elend und Uebermuth, die Hauptquellen der Abschwächung des Nerveneinflusses und der krankhaften Abänderung der Blutmischung, erhält ausserdem normale Zustände und gesunde Stimmungen in den Organen des höheren Seelenlebens, und wirkt nach allen diesen Seiten hin vortheilhaft für die Dauer des Individuums und der Gattung.

Mit dem Verfalle einer wirklich beseligenden und, wenn dieser Ausdruck erlaubt ist, das Nervenleben vergesundenden, schützenden und bewahrenden Religion sehen wir überall die Kraft der Familien, das Vermögen der Regeneration bei dem Volke sich abschwächen. Es ist gewiss, dass Verfall und Ausartung der Religion auch Folgen der gleichnamigen Beziehungen der Menschen sind; aber, steht es auf der andern Seite mit der Religion schlecht, so hat dies für die Lebensaussichten der Familien und der bürgerlichen Gemeinschaft niemals eine günstige Bedeutung.

Die höchst gebildeten Klassen können auch durch die beträchtlichste Steigerung der Intelligenz allein nicht vor dem Verfalle sich schützen, nicht die Kraft der Wiedererzeugung wohl bewahren; ja, bei Gebrechen und Sittenlosigkeit trägt raffinirte Verstandesbildung dazu bei, die Energie der Fortpflanzung herabzusetzen. Es kann diese letztere nur dann naturgemäss und für die Dauer erhalten werden, wenn mit der Intelligenz die Moral und die leibliche Gesundheit gleichzeitig gepflegt und harmonisch entwickelt werden.

Hieraus ergiebt sich denn, dass jede Religion mit strengen gesundheitlichen Vorschriften, guter Moral und beglückendem Wesen von grosser Bedeutung für die Dauer einer Rasse sein werde, und dass durch Einführung und Pflege der entsprechenden Religion ein Mittel gegeben sei zu Verlängerung der Lebensdauer der Familien und des Gemeinwesens.

Die äusseren Verhältnisse, unter denen eine Mehrheit von Menschen ihr Dasein durchwandert, sind mannigfaltig und von bestimmtem Einflusse auf Zeugung und Lebensaussichten. Klima, Nahrung, Arbeit, Regierung, diese und andere Momente fallen in das Reich der Aussenumstände. Gewisse Klimate begünstigen die Fortpflanzung, indem sie die allgemeine Gesundheit fördern, die Gemüthsstimmung erheitern, das Leben leichter, sorgenloser, angestrengte Arbeit nicht nöthig machen. Dort, wo die Beschaffung der zum Lebensunterhalte dienenden Mittel die grösste Leibesanstrengung erfordert, begegnet uns geringere Fruchtbarkeit, als dort, wo die Natur Nahrungsmittel in Fülle darbietet.

Die indianischen Jägervölker hatten niemals zahlreichen Nachwuchs; dagegen gab es bei den Bewohnern des südlichen

Asien immer viele und im Ganzen auch lebenskräftige Nachkommen. Die Ernährung mit Pflanzenstoffen ist in milden Klimaten und fruchtbaren Gegenden leicht; die Ernährung mit durch Jagd gewonnenen Thierstoffen beschwerlich und manchmal aufreibend. Concentrirt das Leben sich allzusehr in den Muskeln, so schwächt sich dasselbe in den Zeugungsorganen, und fehlt es der Nahrung an den erquickenden Elementen, wie dergleichen die vegetabilische Diät in den warmen Erdstrichen reichlich darbietet, so wird auch die Mischung des Blutes beeinträchtigt und der Nerveneinfluss herabgesetzt, aber auch der physiologische Reiz des Geschlechtes vermindert. Hieraus ergiebt sich, dass sehr mühseliges Leben bei beziehungsweise nicht genügend anregender und reparirender Diät, wie ausschliessliche Fleischnahrung solche ist, hemmend auf die Fruchtbarkeit wirkt.

Es scheint dem die Thatsache entgegenzustehen, dass in den Noth leidenden Klassen der Gesellschaft, bei dem Proletariat der Fabriken und des Landbaues, die Anzahl der Nachkommen eine beträchtliche ist. Aber, es verdient hier, genau berücksichtigt zu werden, dass diese grosse Fruchtbarkeit mit grosser Sterblichkeit, insbesondere der frühesten Lebensalter, einhergehe und sonst die Generation nicht auf beträchtliche Fortpflanzungskraft hinweise. Bei den Proletariern der Fabriken ist die Nahrung nicht genügend anregend und reparirend, und die Arbeit über die Massen anstrengend; obgleich fast ausschliesslich aus Kartoffeln bestehend, kann der Einfluss der Diät bei den Proletariern in gewisser Weise dem Einflusse der fast ausschliesslichen Fleischdiät bei den indianischen Jägern analog erachtet werden, da auf beiden Seiten das Erquickende, und gleichmässig Reparirende nicht gegeben ist. Bei den Indianern setzen die ganzen Lebensverhältnisse die Fortpflanzung quantitativ, bei den Proletariern qualitativ herab.

Eine Anzahl von Klimaten beeinträchtigt in der einen oder der anderen Art das Vermögen der Reproduction, indem daselbst alle physischen Verhältnisse dazu beitragen, die Intensität des Nerveneinflusses zu schwächen, die Blutmischung krankhaft zu gestalten und die Muskulatur zu erschlaffen. In Sumpfgegenden ist das Gattungsleben aus diesen Gründen pathologisch; man findet dort zwar nicht selten zahlreiche Nachkommenschaft, aber wenig Dauer derselben, also ungünstige Verhältnisse der Fortpflanzung.

All geistig regen und gefühlswarmen Menschen sind ausgeprägten Tempraments und der Liebe mehr ergeben, als die anderen.

Aus der Mischung solcher Individuen entspringen jederzeit Nachkommen, die ihren Eltern gleichen und ein grösseres Maass von Fortpflanzungskraft bewahren. Leben nun dieselben unter dem Einflusse günstigen Klimas, welches deren sittliche Vermögen stärkt, so kann mit Sicherheit angenommen werden, dass die Lebensaussichten eines solchen Geschlechts sehr gut seien und dass die hier sich ausbildende bessere Moral entschieden dazu beitrage, die Gunst der äusseren Bedingungen zu erhöhen.

Kinder der Liebe unterscheiden sich von den pflichtgemäss im alltäglichen Ehebette erzeugten Sprösslingen durch ein grösseres Maass von Lebensbethätigung, durch ausgesprochenes Temperament und etwas mehr in den Einzelnheiten entwickelte Gestalt. Dieser Erfahrungssatz begründet den Schluss, dass es für die Fortpflanzung des Menschengeschlechts sehr ersprieslich wäre, auf den Abschluss von Ehebündnissen aus dem alleinigen Beweggrunde der Liebe nach Möglichkeit hinzuwirken. Es wird ferner uns begreiflich, weshalb in Gegenden, woselbst das Interesse der Habsucht gegen die Liebe auffallend zurücktritt, die Nachkommenschaft kräftiger, beweglicher, gefühlswärmer und, unter einiger Maassen leidlichen äusseren Bedingungen, auch viel gesunder ist.

Intensive gegenseitige Neigung der Gatten vermag viele Krankheiten, die sonst bei den Nachfolgern sich geltend gemacht hätten, abzuschwächen, ja zuweilen gänzlich zu tilgen. Dass dem so ist, kommt einfach von den Beziehungen her, welche zwischen dem Centralorgane des Gattungslebens im Gehirne, den phychischen und den Ernährungen-Centren obwalten. Bei gleichzeitiger harmonischer Entwickelung des Centrums der Fortpflanzung und der Seelenorgane im eigentlichen Sinne kann man dafür halten, dass alle Thätigkeiten des Organismus wegen bedeutenderen Nerveneinflusses kraftvoller von Statten gehen werden; dadurch treten denn alle Formen des Leibes ausgeprägter hervor, der Umsatz der Gebilde im Stoffwechsel ist vollkommener, und Lebendigkeit, Lebenskräftigkeit in grösserem Maase gegeben, Krankheitsanlage in geringerem Maasse möglich.

Je geringer die gegenseitige Neigung der Gatten, desto weniger Harmonie des dem Gehirn angehörigen Centrums der Fortpflanzung und der Centralorgane des höheren Seelenlebens, sowie der Ernährung bei den Sprösslingen, desto weniger ausgesprochen der Einfluss der Nerven auf die Vorgänge des thierischen Haushalts, desto mehr Krakheitsanlage möglich; denn der Umsatz der Gebilde ist weniger vollkommen, die Lebenskräftigkeit und Widerstandsfähigkeit geringer.

Besserung des Nachwuchses wird vorzugsweise dadurch zu erzielen sein, dass die Liebe allgemein zu dem bewegenden Grunde der Heirath werde und die Gesellschaft jeden anderen Beweggrund verdamme. Nur auf diese Art ist es möglich, eine unermessliche Menge von Krankheitsursachen zu bannen und den künftigen Geschlechtern jenes himmlische Feuer einzuflössen, ohne welches eigentlich gar kein naturgemässes und glückseliges Leben denkbar ist.

Sinkt in einem Lande die Kraft der Familien die Kraft der

Fortpflanzung, so können gesunde Einwanderer aus entfernten Gegenden sehr viel dazu beitragen, das ganze Volk zu erfrischen und zu beleben; denn es wandern aus ihrer Heimath in der Regel nur die kräftigsten Elemente nach anderen Himmelsstrichen aus, die gesundesten und regsamsten. Deshalb bemerken wir überall, woselbst zahlreiche Einwanderungen stattfinden, Verjüngung des Volksorganismus, wenn sonst die Verhältnisse als günstig sich erweisen.

Die vortheilhafte Wirkung einwandernder lebenskräftiger Elemente auf ein in rückschreitender Entwickelung begriffenes oder doch nicht mehr blühendes Volk ist eine physische und eine moralische; physischer Art durch die Vererbung gesunder Constitution auf die Nachkommen, moralischer Art durch den unmittelbaren persönlichen Einfluss, welcher dem eingeborenen Volke gegenüber als neuer Reiz in Betrachtung kommt, und in mehr oder minder bedeutendem Grade die Denkungs- und Fühlungsart modificirt, beziehungsweise kräftigend anregt. Hieraus entspringt nun Besserung in der Chemie des Blutes und in dem Einflusse der Nerven auf die Vorgänge der leiblichen Oekonomie; die Folge davon ist Erhöhung der gesammten Lebensthätigkeit, der Wärmeproduction, der Arbeit in den Centralorganen des Nervensystems.

In grossen Städten wirken Kampf um das tägliche Brod und Ausschweifungen aller Art dahin, die Dauer der Familien, die Kraft der Fortpflanzung zu schwächen. Die beständige Einwanderung vom Lande her verhütet das frühzeitige Aussterben der Familien in den Städten; ja noch mehr, die besonders günstigen Verhältnisse dieser und jener Grossstadt für Gesundheit und Fortpflanzung führen beinahe stets auch auf die ununterbrochene Einwanderung kräftiger Menschen vom Lande her sich zurück.

Man soll überall als eine Hauptaufgabe der Politik und

Hygieine es betrachten, constitutionelle Krankheiten, Gebrechen und Siechthum möglichst sorgfältig bannen, um dadurch die Kraft der Familie, die Energie der Fortpflanzung zu heben. Dies geschieht durch Kreuzung mit gesunden Rassen und durch Hinwegräumung aller Momente, welche die Pflege des Leibes und der Seele stören und hemmen. Constitutionelle Leiden sind immer und überall die Frucht normwidrigen Lebens, und dieses letztere fliesst aus Missverhältnissen oekonomischer und gesellschaftlicher Art. Begünstigen öffentliche Einrichtungen und Gesetze die Unterdrückung und Aussaugung des Schwachen durch den Starken, so bringen sie in letzter Reihe körperliche und moralische Erkrankungen, Siechthum hervor, und Rückgang der Volkskraft.

Innerliche Civilisation bewahrt, äusserliche Civilisation für sich allein hemmt die Kraft der Bevölkerung.

Beziehungsweise allzu grosse Fruchtbarkeit knüpft jederzeit sich an grössere Sterblichkeit. Bei allen Thieren, welche enorme Mengen von Eiern legen, gehen enorme Mengen von Keimen zu Grunde. In allen Familien, woselbst die Anzahl der Kinder eine das mittlere Maass weit überschreitende ist, stehen Gesundheit und Lebensaussichten keineswegs auf fester Grundlage; deshalb verbietet dem Brahamen das Gesetz, aus einer allzu reich gesegneten Familie seine Frau zu nehmen, insbesondere wenn die Nachkommen nur aus Töchtern bestehen.

Bei allzuoftmaliger Wiederholung der Schwangerschaft wird der Organismus der Frau geschwächt und dadurch der Haushalt des eben in der Entwickelung begriffenen neuen Wesens herabgesetzt; daher in allen Familien mit auffallend grosser Kinderzahl im Ganzen genommen geringere Lebensfähigkeit, mehr Krankheitsanlagen, und bei allen Stämmen eine gewisse, bis zu bestimmten

Punkten gehende Abnahme der Anzahl, aber Zunahme der physischen und moralischen Kräfte der Nachkommen. Dies Alles macht ganz besonders sich geltend innerhalb der europäischen Civilisationen, woselbst die Frauen durch allzu ofte Schwangerschaft leicht an den Rand des Abgrunds gebracht werden und Jämmerlichkeit häufiger Regel ist, denn Ausnahme.

Für das gesundheitsgemässe Leben einer jeden menschlichen Mehrheit innerhalb der Civilisation ist das richtige Verhältniss von Geistigkeit und Sinnlichkeit nothwendige Bedingung. Disharmonie gerade in diesem Punkte hat stets hemmenden Einfluss auf die Entwickelung und das Leben der Nachkommen. Man beobachtet überall, dass Zunahme der Sinnlichkeit und Leidenschaftlichkeit mit Abnahme der durchschnittlichen Lebensdauer einhergehe: je sinnlicher und leidenschaftlicher ein Volk, desto rascher verlebt sich dasselbe. Dagegen hat das Hervortreten der Geistigkeit, so lange selbes nicht excessiv ist und auf der Basis gesunder Zustände des Leibes ruht, stets vortheilhaften Einfluss auf Lebensdauer und Reactionsvermögen der Erzeugten.

Eine derartige Geistigkeit dämpft die sinnlichen und leidenschaftlichen Begierden, macht den Verlauf des Lebens ruhiger regelt den Nerveneinfluss und dadurch den Umsatz der Gebilde im Haushalte des Organismus. Daher kommt es auch, dass man mit dem relativen Zurücktreten der Leidenschaften und sinnlichen Begierden gegen die auf Gesundheit des Körpers gegründeten höheren moralischen Qualitäten die mittlere Lebensdauer ebenso, wie das physische und moralische Widerstandsvermögen, zunehmen sieht.

Die höchst gesitteten Menschen der Zukunft werden das Bild der Harmonie der Seele darbieten und ihre Sinnlichkeit wird vergeistigt sein. Diese höchste Gesittung aber kann erst kommen, wenn das Tantum-quantum zur Hölle gefahren und das Princip des Egoismus durch das der Sympathie ersetzt ist.

Arbeiten des Verfassers:

Medicinische Chemie. Erlangen, 1857—58. Zwei Bände in 8°.

Anthropologische Schriften.

Die Allgemeine Naturlehre des Menschen. Giessen, 1865 in 8°.
Der Mensch und die Seele. Berlin, 1872 in 8°.
Beiträge zur Anthropologie und Phychologie. Zweite verm. Ausg. Braunchweig, 1879 in 8°.
Studien über die Volksseele. Zweite Aufl. Jena, 1879 in 8°.
Studien über die Frauen. Jena, 1875 in 8°.
Gesch. Natur- und Gesundheitsl. d. ehelichen Lebens. Cassel, 1864 in 8°.
Die Gestalt des Menschen. Heidelberg, 1878 in 8°.
D. Fortpfl. u. Verm. d. Menschen. Jena, 1879 in 8°.

Hygieinische Schriften.

Lehrb. d. Allgemeinen Actiologie u. Hygieine. Erlangen, 1858 in 8°.
Die Ursachen der Krankheiten. Zweite Aufl. Berlin, 1877. in 8°.
Die Hygieine, der. Studium u. Ausübung. Zweite Aufl. Würzburg, 1874 in 8°.
System der Hygiene. Leipzig 1870—71 in 8°.
Die Nahrungs- und Genussmittelkunde. Göttingen, 1860 — 61. Drei Bände in 8°.
Zur Staats-Gesundheitspflege. Leipzig, 1861 in 8°.
Ueber die Entartung des Menschen. Erlangen, 1868 in 8°.
Stud. zur Actiol. der Nervosität b. d. Frauen. Zweite Aufl. Neuwied. 1877 in 8°.
Ueber Unsittlichkeit. Neuwied, 1866. in 8°.
Studien über die Feiertage. Nordhausen, 1874 in 8°.
Die Kirche der Menschheit. Neuwied. 1873 in 8°.
Medicinische Abhandlungen. Würzburg, 1871—74. Zwei Bände in 8°.
Volks-Gesundheits-Pflege. Coburg, 1862 in 8°.
Grundriss der Hygieine. Würzburg, 1873 in 8°.
Pathologie der Bevölkerung. Berlin, 1879 in 8°.
Der Staat der Zukunft. Leipzig. 1879 8°.

Zeitschrift.

Athenäum. Jena, 1875 in 8°.

Abhandlungen und Aufsätze in: „Journal d'hygiéne" (Paris), „L'Igea" (Mailand), „Virchow's Archiv" (Berlin), „Allg. medic. Centralzeitung" (Berlin), „Klin. Wochenschrift" (Berlin), „Zeitschrift für wissensch. Therapie" (Eilenburg) „Geographische Mittheilungen" (Gotha), „Gelehrte Anzeigen" (Göttingen) „Schweizer. Monatssch. für practische Medicin" (Bern), „Medic. Wochenschrift" (Wien), „Wochenblatt d. Ges. d. Aerzte" (Wien), „Zeitschrift des allg. Oesterr. Apothekervereines" (Wien), „Unsere Zeit" (Leipzig), etc.